未来幼儿园教师

工作标准研究

蒋宗珍　胡秋梦　刘小红　著

本书受教育部学校规划建设发展中心重大项目“未来幼儿园教师工作标准研究”（项目编号：CSDP18FC1202）、重庆第二师范学院科研平台“0～6岁儿童发展与教育网络协同创新中心”（项目编号：2017XJPT03）资助。

科学出版社

北　京

内 容 简 介

本书是基于人工智能、大数据、互联网引入学前教育的背景下撰写的“未来幼儿园”教师工作标准。本书共十章，从幼儿园一日活动工作标准、环境创设工作标准、家庭与社区工作标准、业务工作、教科研工作标准等几个方面进行了研究，给未来幼儿园教师提供最直接的参照标准。

本书可作为幼儿园教师的参考手册，也可作为幼儿园管理者培训新教师、考评教师的工具书，还可作为广大学前教育工作者的参考用书。

图书在版编目（CIP）数据

未来幼儿园教师工作标准研究 / 蒋宗珍，胡秋梦，刘小红著. —北京：科学出版社，2020.12

ISBN 978-7-03-067831-7

Ⅰ. ①未… Ⅱ. ①蒋… ②胡… ③刘… Ⅲ. ①学前教育－教学研究 Ⅳ. ① G612

中国版本图书馆CIP数据核字（2020）第264777号

责任编辑：王　彦 / 责任校对：马英菊
责任印制：吕春珉 / 封面设计：东方人华平面设计部

科 学 出 版 社 出版
北京东黄城根北街16号
邮政编码：100717
http://www.sciencep.com

北京中科印刷有限公司 印刷
科学出版社发行　各地新华书店经销

*

2020年12月第　一　版　开本：787×1092　1/16
2020年12月第一次印刷　印张：11
字数：247 000

定价：90.00 元

（如有印装质量问题，我社负责调换〈中科〉）
销售部电话 010-62136230　编辑部电话 010-62130750

前 言

《幼儿园教师专业标准（试行）》中指出："幼儿园教师是履行幼儿园教育工作职责的专业人员，需要经过严格的培养与培训，具有良好的职业道德，掌握系统的专业知识和专业技能。"随着未来科技水平的发展，人工智能、大数据、互联网的引入，培养绿色生态环境下身心健康、智能多元、视野开放的全球性儿童，更加有赖于专业化的幼儿园教师，未来幼儿园教师工作标准正是基于此背景研究制订而成的。本书既给未来新手幼儿园教师提供最直接有效的参照，也给未来幼儿园管理者提供培训新手教师、评价教师工作的工具。本书共十章：第一章是未来幼儿园教师工作标准总述，包括未来幼儿园的内涵与特征、未来幼儿园教师的角色与工作转向以及本研究的目标与意义、任务与方法；第二章是未来幼儿园生活活动工作标准，包括入园、餐点、盥洗、饮水、睡眠、如厕和离园等 7 个方面的内容；第三章是未来幼儿园早操活动工作标准；第四章是未来幼儿园自主游戏活动工作标准；第五章是未来幼儿园集中教育活动工作标准；第六章是未来幼儿园户外体育活动工作标准；第七章是未来幼儿园物质环境创设工作标准，包括角色区、阅读区、美工区、益智区、表演区、建构区、科学区、生活区、主题海报环境创设和卫生间环境创设等 10 个方面的内容；第八章是家庭与社区工作标准；第九章是未来幼儿园教师业务工作标准；第十章是未来幼儿园教师教科研工作标准。

本书的撰写得到了重庆第二师范学院和科学出版社相关领导的大力支持和帮助，在此深表感谢。

本书由重庆第二师范学院蒋宗珍、胡秋梦、刘小红撰写，同时得到黄程佳、蔡雨珂和文妍的支持。尽管作者力求把未来幼儿园教师工作标准进行细化，并且具有可操作性，但鉴于各方面的局限，书中仍有许多需要改进的地方，敬请广大读者批评和指正。

目　录

第一章　未来幼儿园教师工作标准总述

第一节　未来幼儿园的内涵与特征

步入 21 世纪以来，“互联网＋教育”逐渐兴起，教育改革中便兴起了面向未来的新型学校形态的探索。伴随着“未来学校”的概念，“未来幼儿园”也在近几年被热议起来。严格来讲，二者都不属于严谨的学术概念。但使用和讨论的人多了，也逐步变成了一种具有独特意义的专有名词。因为未来幼儿园的概念是基于未来学校而来，本节在对未来幼儿园内涵进行阐明之前，先梳理一下未来学校的概念与特征。

一、未来学校的概念与特征

严格意义上，未来学校不能算作一个学术概念，只是近些年关注和使用的人多了，尤其 2015～2016 年学术界甚至掀起了对未来学校研究的一个小热潮。国内教育行业内的权威期刊包括《中国教育报》《中国电化教育》《中国教育学刊》《教育研究》等多次发表以未来学校为主题的文章，知名学者如朱永新、罗生全等也对未来学校发表观点或研究性文章。在这样持续的关注之下，未来学校已经成为一个约定俗成的概念名词。

（一）未来学校的概念

作为被认可的一个概念，未来学校被不同的学者进行过不同的描述[①]：

未来学校具有柔性化和个性化特点，人们可以就自己的兴趣和价值观选择适合自己的课程和教育，而不是必须选择统一的课程与教材（余胜泉 等，2016）[②]。

未来学校处于学校渐进变革链条的新阶段，具有新层次和新样态等与传统学校不同的特点，目标在于使学生学会学习、合作、思考、创造、适应，还要使学生明白能够适应社会发展的隐性知识（吕文清，2016）[③]。

在空间上，未来学校不存在围墙之说，是全社会多方融合的交往场所；目标定位上，整合资源，为学生提供个性化教育；评价方式上，采用客观数据为学生描绘成长轨迹，注重学生长远发展。未来学校要领是“为了孩子，人文关怀，技术辅佐，对标国际，适

① 马丽英，田友谊，2019．改革开放 40 年我国未来学校研究的回顾、反思与展望：基于文献计量法和内容分析法的分析［J］．江苏教育研究（19）：76-82．

② 余胜泉，2016-06-13．“互联网＋”时代发展个性的未来学校［N］．中国信息化周报（7）．

③ 吕文清，2016．未来学校内涵、本质及其发展导向思考（上）［J］．教育与装备研究，32（8）：7-12．

度超前”（李蓓 等，2016）[①]。

《中国未来学校白皮书》指出未来学校突破了时空、课程、资源等限制，将会满足人们不同的教育需要，将能更好地提高全民素养，以更好接受和解决未来社会更严峻的挑战（王素 等，2016）[②]。

著名教育家朱永新提出未来学校是一个以学习为纽带的、开放的学习共同体（朱永新，2016）[③]。

根据上述关于未来学校的概念表述，主要分为如下几种观点：一基于哲学视角的理想教育对未来学校的理想性理解，如 Masschelein，J.和 Simons，M.的定义[④]；二基于社会学视角对未来学校的功能性理解，如吕文清从社会供给侧视角提取未来学校的关键要素及其图式；三基于技术变革驱动对未来学校的形态学理解，如余胜泉基于“互联网＋教育”的信息技术发展背景提出了没有围墙的“未来学校”，张生、曹榕及陈丹等基于“AI＋”的时代发展背景提出的一种全新的育人环境。此外，还有基于未来人才培养视角对未来学校建设目标的理解。例如，“未来学校的建设应站在未来的制高点上，创造更加适宜学生的未来教育，即关注和发展学生核心素养的教育”（李笑非，2016）[⑤]；“未来学校的建设必须以培养学生的高阶思维认知能力为目标与基本理念，以为未来社会提供创新型人才为目的”（张生，2017）[⑥]。还有基于学校进化视角对未来学校的阶段性理解。例如，张治、李永智基于未来学校进化的趋势及动力探析，提出“学校发展的 1.0、2.0、3.0 时代，当下学校发展的 2.0 时代面临终结，正在迈进学校 3.0 时代”（张治 等，2017）[⑦]；朱永新将学校分为 4 个重要的发展阶段，“前学校发展阶段、学校阶段、现代学校阶段及后学校阶段，而后学校阶段就是未来的学校，严格意义上完全可以不称为学校，而是所谓的学习中心”（朱永新，2016）[⑧]。

综合分析，未来学校是在新一轮工业革命背景下发生的学校系统性变革，是基于未来人才培养需求与人工智能技术的深度融合创新而形成的处于持续动态发展进程中的新形态育人场域[⑨]。

（二）未来学校的特征

综合各类关于未来学校的观点陈述，我们能够发现，未来学校多与“互联网”“信息技术”“大数据时代”“AI 人工智能”等名词相关联。这恰是其特征的一种体现。

① 李蓓，夏英，2016．建未来学校迎学校未来：成都市实验小学“未来学校”建设思考与实践［J］．教育科学论坛（13）：65-67．

② 王素，曹培杰，唐建朝，等，2016．中国未来学校白皮书［R］．北京：中国教育科学研究院未来学校实验室：2．

③ 朱永新．未来学校的 15 个变革可能［EB/OL］．（2016-12-02）［2020-11-11］．https://new.qq.com/omn/20180911/20180911A07YGX.html．

④ 罗生全，王素月，2020．未来学校的内涵、表现形态及其建设机制［J］．中国电化教育（1）：40-45，55．

⑤ 李笑非，2016．创造最适宜学生的“未来”教育：基于核心素养与学习能力的未来学校建设探索［J］．教育科学论坛（14）：27-31．

⑥ 张生，2017．聚焦高阶思维，建设未来学校［N］．中国教育报（3）．

⑦ 张治，李永智，2017．迈进学校 3.0 时代：未来学校进化的趋势及动力探析［J］．开放教育研究，23（4）：40-49．

⑧ 朱永新，2016．关于未来学校的思考［J］．中小学校长（3）：3-4．

⑨ 罗生全，王素月，2020．未来学校的内涵、表现形态及其建设机制［J］．中国电化教育（1）：40-45，55．

目前对未来学校特征的诸多研究，综合起来大概包括以下几个方面：未来学校的目标是要培养面向未来的、具备核心素养的全面发展的人才；未来学校所倡导的学习方式是个性化的泛在学习；未来学校的教学结构将根据学生的真实水平和现实生活建构属于学生自己的课程体系，实现私人定制式教育；未来学校的课堂形态将由班级授课制走向学习共同体——信息技术打破了定时定点的传统学习环境，学生可以利用自己手中的数据终端随时随地进行网络学习、移动学习、微型学习和虚拟学习；未来学校的师生关系是具有时代特色的新型师生关系——服务学生为先导，教师成为教学活动的引导者，以平等对话为前提，师生二者是互相学习的共同体。总结起来，未来学校特征聚集起来的表现形态即为虚实交融的泛在学校时空；人机环境融合的学校结构性系统；基于学习者自适性学习的学校教育服务形态。

回到教育的概念，朱永新关于未来教育特征的描述具有更全面的反思价值。他总结了 15 条特征[①]：学校将会成为学习共同体，而非一个个孤立的学校；开学和毕业没有固定的时间；学习的时间弹性化；教师的来源和角色多样化；政府买单和学习者付费将并存；学习机构一体化，学校主体机构与网络教育彻底打通；网络学习更加重要；游戏在学习中发挥更加重要的作用；学习内容个性化、定制化；学习中心小规模化；文凭的重要性被课程证书取代；考试评价从鉴别走向诊断；家校合作共育；课程指向生命与真善美；幸福完整的教育生活。

二、未来幼儿园的内涵与基本特征

未来幼儿园的概念，是继未来学校和未来教育的名词热起来之后被提出和使用的。其内涵和特征都与未来学校和未来教育同质共脉。

（一）未来幼儿园的内涵

未来幼儿园的概念通常与“智慧幼儿园”联系在一起，是 21 世纪信息技术革命带来的风潮，是通过智能科技应用将幼儿园的健康管理、环境管理、教学管理、安全管理、后勤食堂管理、保育保健管理以及家园联系等进行整合，达到无缝监管、全面沟通的效果。

从较少的期刊文章名称，我们可以感受到“未来幼儿园”的内涵，如基于大数据整合的智慧幼儿园建设[②]，面向大数据整合的智慧幼儿园的课堂方式[③]。

另外还可以从实践中一些地区或幼儿园的举措，看出行业领域内人们对未来幼儿园的理解和期许。根据 2018 年 9 月 28 日深圳市龙华区宣布其联合腾讯打造的第一家智慧幼儿园落地[④]，总结出其幼儿园的如下亮点。人脸识别闸机：儿童安全更有保障；

---

① 朱永新．未来学校的 15 个变革可能［EB/OL］．（2016-12-02）［2020-11-11］．https://new.qq.com/omn/20180911/20180911A07YGX.html.

② 曹蕊菲，2015．基于大数据整合的智慧幼儿园建设［J］．发明与创新（教育信息化）（10）：21-24.

③ 麋长萍，2018．面向大数据整合的智慧幼儿园的课堂方式［J］．中华少年（11）：203.

④ 全国第一家智慧幼儿园落户龙华！［EB/OL］．（2018-09-28）［2020-11-11］．https://zixun.changingedu.com/huhehaote/34-1773223.html.

智能机器人：助力交互式学习；来自北美的英语教师在线上线下同步课程中，帮助幼儿园解决了外教师资问题；将儿童课程中需要外出看世界的部分用AI方式呈现在儿童的学习中。这些亮点事实上凸显的核心，还是信息技术的价值。

华中师范大学物理科学与技术学院鲍晓琴和寇相礼，设计了一套智慧幼儿园的方案系统（见图1-1）[①]，能够体现通俗意义或风潮之中公众对未来幼儿园的理解。

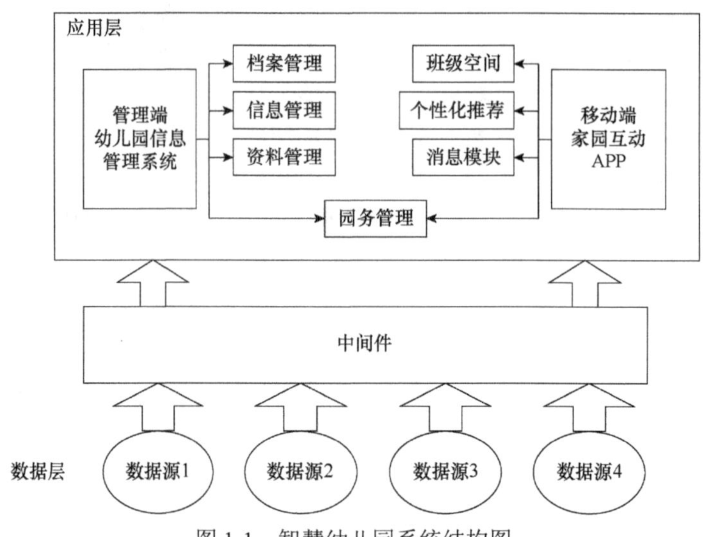

图1-1 智慧幼儿园系统结构图

如图1-2和图1-3所示，智慧幼儿园更多依靠的是技术化管理，这的确是未来幼儿园的一个方面，但却远远不足以描述未来幼儿园的内涵。如果说未来学校是指“互联网＋”背景下的学校结构性变革，通过空间、课程与技术的融合，形成个性化的学习支持体系，为每一个学生提供私人定制的教育[②]，那么未来幼儿园也相应是指“互联网＋”带来的教育变革背景下，幼儿园在环境、空间、课程、学习方式、师生关系等诸方面的变化。

（二）未来幼儿园的特征与发展趋向

北京师范大学心理学部首任部长、教授刘嘉在一次论坛中谈道：如果从大的时间尺度观察人类社会的发展，可以看到科技在不断地影响着我们的学习方式和教育方式。未来的教育将不仅仅是简单的计算机辅助学习，而应是人工智能辅助的学习。人工智能时代更加关注个性化、多样化和适应性的学习。在AI＋教育的经典应用场景内，建立智能快速全面的教育分析系统是关键，它能有效缓解教师压力，提升因材施教水平，改善家园共育质量。幼儿园里的人工智能产品多以知识类的教育互动为主，对于儿童综合能力素养的开发是相对不够的；其数据采集和分析大多不是实时的、持续的，无法动态跟踪评价儿童心理发展水平；尚未形成家园共育的联网系统，无法使家长掌握孩子的发展状

① 鲍晓琴，寇相礼，2017．浅析智慧幼儿园信息管理系统的研究与设计［J］．电子世界（4）：196-197．

② 曹培杰，2017．未来学校的兴起、挑战及发展趋势：基于“互联网＋”教育的学校结构性变革［J］．中国电化教育（7）：9-13．

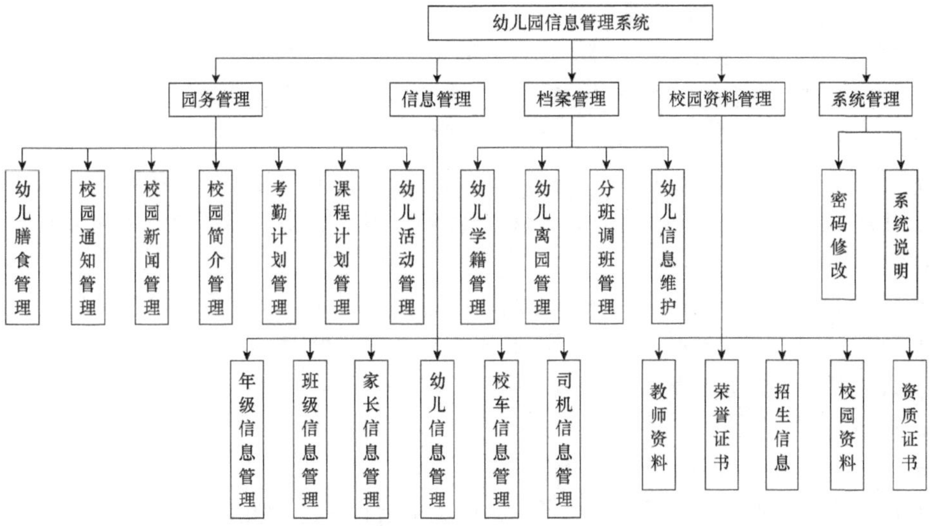

图 1-2　智慧幼儿园信息管理体系图

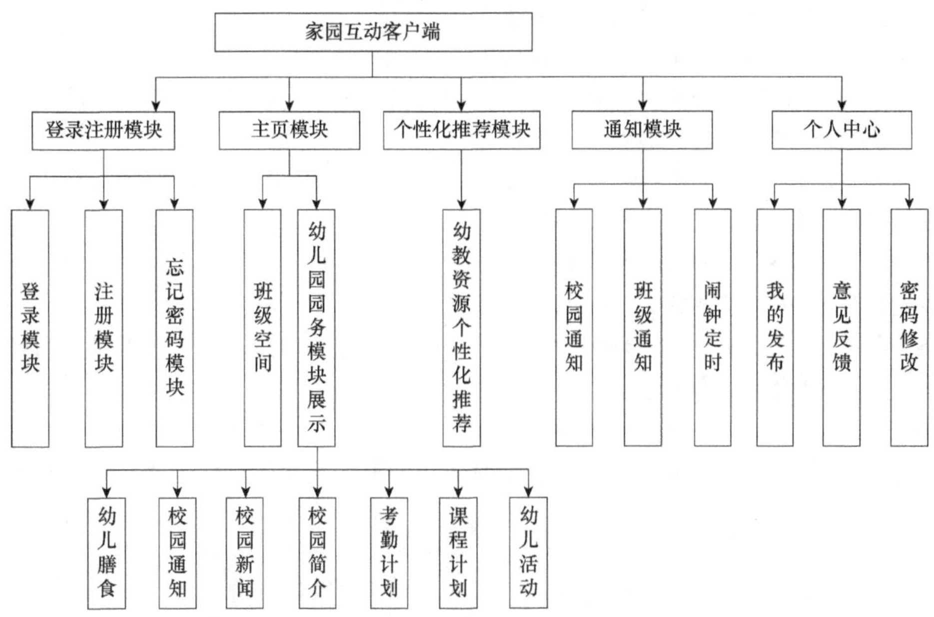

图 1-3　智慧幼儿园家园互动 APP

态信息进而给予针对性的干预和指导。幼儿园是人生的第一个学堂，如果我们能够科学地把 AI 技术应用其中，就会更好地推动人的平等和可持续发展①。

利用大数据技术让教育变得更加智慧，学习场景相互融通，学习方式灵活多元，学习内容个性化、定制化，学习中心小规模化等，通常被作为未来教育的特征。与此一致，未来幼儿园教育的特征会全面体现在儿童观、教师观、环境观和课程观上：

① 教育部规建中心，AI 如何赋能未来幼儿园？［EB/OL］.（2019-03-20）［2020-11-11］. www.csdp.edu.cn/article/4970.html.

1．未来幼儿园的儿童（观）：相信、尊重多样性与个性。

● 每一个孩子都是珍宝，在爱与呵护的营养中成长、绽放。

● 每一个孩子生而拥有巨大潜能，高质量的早期学习能帮助他们发现（认识到）这些潜能，并为之后的学习与人生奠定坚实的基础。

● 每一个孩子都在自己通往未来的独一无二的旅程中，对学习充满渴望。

● 儿童是有能力的、自信的学习者和交流者，身心健康、归属感强、可以对所在集体做出贡献。

● 儿童被视为主动的学习者——他们做出选择、制订计划并勇于挑战。

2．未来幼儿园的教师（观）：爱、高质量、儿童研究者。

● 喜欢儿童、热爱儿童。

● 有热情、有童心。

● 有质量、有资格、富有专业性。

● 每一个老师都善于“倾听”孩子，哪怕是不会说话的婴儿，也能够“听见”（观察）他们的情绪情感、好奇心、兴趣点，然后鼓励孩子们以自己的方式参与活动、探索学习。

● 每一个教师都是一个“儿童研究者”。

● 每一个教师都是一个“课程设计者”。

● 每一个教师值得尊重，也都受到关怀和支持——他们被视为是幼儿园的灵魂和建造者，被赋予充足的休息和专业学习的机会。

3．未来幼儿园的环境（观）：家的氛围、安全、自然、融合社区、融入高科技。

● 家的氛围——安全、放松、惬意。

● 接近家庭布局与结构的室内环境。

● 自然生态的、宽阔的、丰富的、可变的户外环境。

● 高科技融入日常材料的环境设计——让孩子熟悉、习惯未来生活中存在的高新技术，作为未来社会人的必备素质。

● 与家庭、社区一体化的环境设计。

● 注重文化多样性、国际感受的环境融入——中华民族的文化、世界文化的多样态呈现。

4．未来幼儿园的课程（观）：支持性、整体性、整合性、互动性。

● 支持孩子学习和生长的课程——每一个孩子通过这样的课程能够意识到并提高自己的学习兴趣和能力。

● 反映儿童学习与生长整体性特点的课程——儿童认知、身体、情感、精神和社会文化等方面的发展，不是割裂的，是交织在一起、相互依存的。

● 整合家庭与社区资源的课程——当儿童的文化、知识和社区被认可，当和他们一起生活的人们帮助他们建立紧密联系的环境，他们能更好地学习与发展。

● 积极响应的、尊重的、互动的关系——儿童的学习正是在人、地点、和事物的关系中发生的，课程的目的在于构建这样的关系、提供这样的机会，让儿童按照自己的想法去大胆尝试、去合作。

总的来说，未来幼儿园的概念通常与“互联网＋”“信息技术”“AI 人工智能”，以及“森林”“绿色”“生态”等前缀和词汇联系在一起。然而，诚如教育技术学领域资深学者迈克尔·斯佩克特教授所言：技术只是教育变革中的“沧海一粟”，更多是作为一种“替代策略”应用于教学中，还不足以支撑整个教育系统变革的发生。尽管许多技术已经成为解决全球教育差距的解决方案，但技术的使用本身并不是目的，而是一种工具，使新方法成为可能。如果没有对学习的本质进行根本性的重新配置，很少有技术能够发挥其潜力①。因此这里需要特别指出的是，从质量评估的角度讲，无论当前幼儿园教育还是未来幼儿园教育，其考察的内容不是园所建筑及配套设施，也不是信息化、高科技，而是教育理念、培养目标和价值观。从传统教育到现代教育，意味着教育软件的整体更新：从功利主义的目标转为以人为本、以儿童为中心；从升学教育、应试教育转为培养合格公民，实行生活教育；从学科中心、知识本位转为能力本位、追求完满人格的发展；从教什么、如何教转为学会学习、学会生存；等等。实行以儿童为中心、善待儿童的教育，采取项目式、个性化的学习，帮助儿童逐渐自立于社会，自立于未来，追求真善美和幸福人生。

第二节　未来幼儿园教师的角色与工作转向

角色是指一定身份要求的一般行为方式，及其内在的态度和价值基础。教师角色是指教师在社会关系中的一种位置，因社会分工而具有对年轻一代传授科学文化知识、培养思想情操和行为习惯的身份②；是教师在教育系统内身份、地位、职责及相应的行为模式。教师在教学中的角色是教师的多种社会属性和社会关系在教学活动中的反映，是教师在教育教学中的一整套行为规范和人们对教师的角色期待③。幼儿园教师角色问题的实质就是，教师在幼儿生活学习中做什么样的人的问题。教师扮演不同的角色将会对幼儿的发展产生不同的影响，这是由于教师的角色观与儿童观、教育观是相辅相成的④。

一、传统幼儿园教师的角色与工作

（一）从“保姆”“阿姨”到“专业化的”教师

在很长一段时间里，许多人认为幼儿园教师至多是一个略懂弹、唱、画、跳的高级保姆，以为只要有一颗爱心，性格温和、态度耐心，具有责任心，就能当好一个幼儿园老师了。即使近几年，报纸等媒体上，还曾出现过称幼儿园男教师为“男阿姨”这样的标题⑤。

在中国，亲历和目睹幼儿园教师角色转变的专业学者的讲述，更加真切。刘焱教授讲：一直到20世纪80年代，幼儿园教师还被称为“阿姨”。改革开放以后，随着大量接

---

① 杨东平：什么是未来学校，如何从现在走向未来？LIFE 教育创新，2018-08-06.

② 杨治良，2008. 简明心理学辞典［M］. 上海：上海辞书出版社：8.

③ 全国十二所重点师范大学联合编写，2008. 教育学基础［M］. 北京：教育科学出版社：132.

④ 蔡迎旗，2017. 学前教育原理［M］. 武汉：华中师范大学出版社：88.

⑤ 华爱华，陈青，潘乐韵. 从教师发展的视角看幼儿园教师的专业性. 中国学前教育研究会公众号，2018-06-06.

受过专业训练的年轻教师进入幼儿园，“阿姨”这个称呼不再被接受，幼儿园教师开始像中小学教师一样拥有专业职称[①]。

总的来说，即使到了21世纪，很多传统教育观念下的幼儿园教师、家长等依旧认为幼儿园教师就是看孩子的保姆，什么学历和专业的人都能做，只要让孩子别磕着碰着就行。有研究者对上海学前教育网“06论坛”2002年12月1日至2003年12月1日间关于幼儿园教师这一主题的帖子进行了整理，结果发现，“保姆”一词在“科研”一项中高频出现。也有研究者在对安徽省芜湖市100名幼儿园教师对自己职业认同的调查结果中发现，有33.3%的教师认为工作中的自己更像保姆[②]。

基于对幼儿园教师角色的片面认识，幼儿园教师的工作也基本被定义为“孩子在幼儿园生活的照料者”“简单知识的教授者”。直到2012年9月《幼儿园教师专业标准（试行）》颁布实施之后，社会各界对幼儿园教师的工作内容的认识才渐渐发生转变。依据该标准，幼儿园教师的工作内容既要包括基本项，诸如环境的创设与利用、一日生活的组织与保育、游戏活动的支持与引导、教育活动的计划与实施，还包括激励与评价、沟通与合作及反思与发展。这些工作内容，既涵盖了“保姆”“阿姨”的工作，还在“育”和“人生奠基”等方面有着非常专业性的延展。

（二）“专业工作”在实践中的偏差

虽然《幼儿园教师专业标准（试行）》的颁布和实施，很大程度上促进了幼儿园保教工作的改变和质量的提升，但在幼儿园教师工作实践中，还是存在诸多问题，梳理一下，大概包括师幼关系、教师一日生活活动设计与组织、环境创设与班级管理、家园共育等几方面的认知和行为偏差。

1．师幼关系存在的问题。

师幼关系作为幼儿园心理环境的核心，对于幼儿的身心发展以及学前教育质量起着至关重要的作用。然而在实践中，师幼关系主体严重倾斜，幼儿园教师霸权、粗暴的语言、冷落与歧视的态度[③]还很大程度地存在。基于儿童哲学的基本理念，在幼儿园师幼关系中存在“重共性、轻个性”“重权威性、轻主体性”“重单向、轻双向”“重预设、轻生成”四方面的问题[④]。“重共性、轻个性”是指过于重视模仿和范例的作用，忽视儿童的创造性和主动性，也没有尊重儿童独特的个性；“重权威性、轻主体性”是指尽管很多幼儿园教师开始认同幼儿是独立的个体，要尊重幼儿，但是在实际的操作过程中却仍然没有把幼儿看作是与自己平等的个体；“重单向、轻双向”是指在师幼互动行为上，教师忽视幼儿内心的感受，在与孩子的沟通交流中，轻视幼儿的话语，不能对幼儿的反应及时进行反馈或者是消极反馈；“重预设、轻生成”是指幼儿园教师在处理幼儿即兴、突发的兴趣和问题方面，通常采取回避、拖延和敷衍的态度。

---

① 刘淼．改革开放四十年中国学前教育的发展变迁［EB/OL］.（2018-06-28）［2020-11-11］. http://cppcc.china.com.cn/2018-06/28/content-53781503.htm.

② 杨香香，2014．幼儿教师专业发展［M］．长春：东北师范大学出版社：28-29.

③ 杨翠，张成林，李城，2014．理解型师幼关系的价值与建构［J］．基础教育研究（12）：53-54，56.

④ 贺琳，王彦峰，2019．师幼关系的问题与重构：基于儿童哲学的思考［J］．教育现代化，6（38）：72-73.

2．幼儿园一日生活活动组织中存在的问题。

幼儿园的一日活动通常可划分为9个环节，即入园、盥洗、进餐、喝水、如厕、游戏和户外活动、午睡、离园及集体教育活动环节。纵观我国大多数幼儿园，各个生活环节的组织还没有引起足够的重视，随意性和放任自流或者包办代替的现象比较严重，致使各生活环节中蕴涵的教育契机和教育价值不同程度地流失了，丰富的教育资源没有被很好地利用①。

更为显著和普遍的问题是，在幼儿园一日生活中，无论是生活环节还是集中教育教学活动，都存在着高结构化和高控的特征。在更多时候教师不得不作为“指挥官”或“监管者”，把严格控制活动的时间和顺序作为主要职责和工作任务，而幼儿则成了“士兵”或“被监管的对象”，几乎没有什么自由和自主的权利，只有时刻听指令和服从。这种日复一日的高结构和高控的一日生活，幼儿很难成为一个主动热情的学习者，也很难养成新时代需要的学习品质和个性特征。

3．幼儿园教师环境创设与班级管理工作中存在的认知偏差与行为偏差。

近些年，随着社会经济的进步和学前教育事业的发展，幼儿园的环境创设也有了较大的改善，幼儿园尤其是许多新建的幼儿园，外观精致漂亮，园内设施齐备。改建后的幼儿园，环境设施也比之前有了很大的改进和提高。然而，在幼儿园环境创设中仍然存在着许多问题，集中表现为：布局设计上缺乏幼儿的参与性——幼儿园环境创设的主体单一，忽视幼儿的自主意识，限制幼儿的操作能力和创造意识，没有真正体现出幼儿的发展性，对幼儿的关注度不够。室外空间上缺乏教育性、系统性——将环境创设理解为单纯的物质环境创设，十分重视园舍建筑、园内绿化、教具陈设以及室内外装饰等，但是在内容上显得孤立和随意，缺乏连贯的系统性，无法做到内容主题之间的合理延伸，较少具有影响和促进幼儿发展的教育价值；过分或只注重物质环境的创设，割裂了精神与物质环境创设的密切关系，缺乏对园风园貌、办园指导思想、工作作风、人际关系以及情感氛围等这些核心文化内容的关注与创设，教师不能营造良好的人际环境和精神氛围；许多幼儿园创设的环境和设备不允许幼儿随意接触或使用，只在规定的时间内、特殊的场合下才对其开放，其余的时间环境只是一种摆设、一种被浪费的资源。室内空间上缺乏创新性、开放性——很多幼儿园的环境创设总体上已经发生了很大的变化，并且努力做到追求材料美观、形式多样，但从生态学的视角来看，幼儿园环境创设的室内空间缺乏开放性、整体性和长远性，设计也过分拘泥于传统，没有体现出发展性的变化，对环境创设的创新度不够②。

幼儿园班级管理是指教师与行政人员遵循国家的学前教育政策、法规，按照儿童身心发展规律和保教工作的工作规律，采用科学的工作方式和管理手段，将人、财、物、时间、空间、信息等各要素合理组织起来进行的保教组织管理活动，主要包括生活管理、教育教学管理、环境创设与管理、幼儿行为管理、家长关系管理和班级组织管理③。幼儿园班级管理的目的是培养幼儿良好的行为习惯，实现幼儿园的生活功能、教育功能和社

---

① 杨旭，2012．幼儿园教师入职指南［M］．4版．长沙：湖南大学出版社：54．

② 徐莉，2013．新视界幼儿园管理［M］．北京：北京少年儿童出版社：137-139．

③ 郑丽圆，2017．幼儿园班级管理问题与处理［M］．北京：中国轻工业出版社：14．

会服务功能。幼儿园的班级管理具有重要的意义：幼儿园班级管理是搞好幼儿园管理的基础工程；幼儿园班级管理是提高幼儿园保教质量的保证。然而，幼儿园教师在常规班级管理中，存在诸多问题：对物理环境管理重于对精神环境管理；对空间布局的设计上成人化取向，疏于对幼儿活动自主和自由的考虑；对幼儿的管理上控制与要求远远大于引导幼儿自我管理；对信息的管理方式落后导致信息流转滞后；等等。

4．幼儿园教师家园共育中存在的行为偏差。

《幼儿园教育指导纲要（试行）》以下简称《纲要》中指出：家庭是幼儿园重要的合作伙伴。应本着尊重、平等、合作的原则，争取家长的理解、支持和主动参与，并积极支持、帮助家长提高教育能力。然而，实践中家园共育和家园沟通中存在较大偏差：首先体现在幼儿园教师和家长关系的不平等上。不平等存在两个相反的类别：一类是幼儿园教师怕家长，面对家长是怯懦的，生怕家长不满意自己，一味地附和家长需求；其相反类别是家长怕幼儿园教师，生怕幼儿园教师区别对待自己的孩子，家长完全成为幼儿园教师的附庸和帮手。其次，家园共育在内容上有较大局限和狭隘性，较多还是局限在技能训练和浅显知识的习得上。再次，家园共育的方式比较单一，通常是教师在家长群发布任务的形式，师幼个别化沟通通常基于孩子有意外事件发生之后。最后，缺乏家园共育资源共享平台。

实践中还存在不少其他工作中的偏差，比如幼儿园教师打骂侮辱幼儿、恐吓威胁幼儿，收受家长贿赂和不当礼物，敷衍教学和教研工作；幼儿园教师工作负荷过大；幼儿园内部管理体制机制不顺等。所有这些问题，都是未来幼儿园应该积极解决的问题。

二、未来幼儿园教师角色与工作的转向

2006 年英国学者莫斯就对儿童教育工作者的职业角色认知问题进行了研究，认为社会对幼儿园教师职业认知的发展经过了 3 个阶段：从替代母亲到技术工人，再到研究者。范昕等采用实证研究方法，也证实了“我国幼儿园教师职业认知经历着由替代母亲（教养员）向专业人员再向研究者转变的过程”[①]。如今，“互联网＋”时代的教育正被重新定义，师生关系也随之慢慢重塑。未来幼儿园教师的角色和工作内容与方式会呈现出新的样态将是发展的必然趋向。

（一）未来幼儿园教师角色的转向

苏霍姆林斯基说教师要做“学生的教育者、生活的导师和道德的引路人”[②]。《幼儿园工作规程》《纲要》《幼儿园教师专业标准（试行）》中都对幼儿园教师的角色有规定和描述，从理论层面，幼儿园教师作为引导者、合作者和支持者的角色定位基本被接受和认可。有学者还基于幼儿园教师实际工作和期望，把幼儿园教师角色归纳为：幼儿生活的照料者，幼儿学习的支持者和引导者，幼儿的榜样和示范者，幼儿游戏的伙伴，班级

① 范昕，李敏谊，2018．幼儿园教师到底是什么？：从替代母亲到专业人到研究者的发展历程［J］．教师教育研究（4）：92-98．

② B．A．苏霍姆林斯基，2005．给教师的建议「M」．杜殿坤，编译．北京：教育科学出版社：96．

的管理者，课程的建构者、研究者[①]。

美国《教学2030》报告对未来教学工作所提出的构想：随着教学生态的变革，特别是认知科学的应用，将促使教师和学生进行沉浸式个性化学习，以及混合式学习环境（面对面与在线学习相结合）将无缝整合教师、学生、家庭、本地与远程专业人员、志愿者和商界人士等教育活动参与者，使得学校成为整个社区的学习中心，因此教师将扮演更加多样的角色，包括学习指导者、个人教育顾问、社区智库规划员、教育巡查员、社会人力平台开发员、测评设计师等。传统的由教师、学生、课程构成的三维结构将转变为新的四维结构，即学生、数字化学习环境、数字化学习资源和教学支持服务。教师将成为基于数字化环境、资源的学生学习活动的支持者与服务者。显然，在未来的学习与教育教学形态中，传统学校模式下的以教师为中心、以知识传授为主导的角色特征将逐渐被消解，未来教师的角色将被重塑，呈现出符合未来学习、教学与教育变革需要的多样性和基于学习、教学与数字技术融合的专业性。[②]基于这样的变革，未来幼儿园教师除了要诠释好上述基本的角色之外，还被赋予更多期待和可能。

据前文所述，未来幼儿园主要聚焦强调“智慧”和“生态”两个元素。下面就从这两方面阐述未来幼儿园教师角色的转向。

1．智慧学习环境语境中的角色定位。

未来幼儿园在智慧学习环境这一语境中，教师角色的转变，《中国教育信息化在线》平台上刊发的胡斌武等的文章中有较全面的描述[③]：

首先，幼儿园教师要作为智慧学习环境的使用与构建者。在智慧教育模式下，如何构建智慧学习环境促进学生发展成为首要问题，智慧学习环境的核心支撑技术是智慧计算，是从先前的主机计算、个人计算、网络技术发展来的，它集成了硬件架构、软件平台和网络技术等关键技术，故对智慧学习环境的构建者提出了高要求。前期建设时，构建者需要掌握智慧学习的综合技术、教学手段、情景感知和自动分析数据的信息化技术。教师是构建者合适的人选，教师兼环境构建者于一身，利用熟知的计算、网络、无线通信、物联网和数据挖掘技术，才能领会学习者随时、随地、随需的把握学习机会的重要意义，才能与学习者分享学习过程中的学习乐趣，才能巧妙及科学地利用学习评测结果反馈，指导与组织学习活动的开展。智慧化元素的实现，需要教师学习算法软件创新设计、后台数据跟踪服务、无线宽带传输和客户端的联网设备的彼此有机融合，同时提供选择方案及采取应对行动。因而，教师角色转变，前提是教师拥有较完整的知识结构，具备传播知识的技能，明确学习者的需求，熟练组织学习者开展学习，又能灵活运用现代的信息化技术。

其次，幼儿园教师要成为智慧学习资源创建与推送者。智慧学习资源主要面向家长，有利于完美实现家园共育。在智慧学习环境下，要求自动识别学习情境，按需推送资源，关注用户体验。智慧教育讲求个性化发展，教师需要根据学生的兴趣、需求等，推荐学习资源，以吸引他们的注意力，提高学习兴趣及效率。情感是心理资源的组成部分，学

① 蔡迎旗，2017．学前教育原理［M］．武汉：华中师范大学出版社：89-92．
② 苟渊，2019．未来教师的角色与素养［J］．人民教育（12）：36-40．
③ 胡斌武，等，2016．智慧学习环境下的教师角色定位研究［J］．中国教育信息化（5）：81-84．

习者想要在学习过程中获得的情感包括真实感、责任感、安全感等，情感分析也是智慧学习环境辅助教师教学的又一重要工具。

最后，幼儿园教师要使自己成为智慧教学方法的设计者和使用者。未来幼儿园也并不是完全排除集中教育活动和模式，而是倾向于适应智慧学习模式的教育教学方法的重构。智慧学习模式中需要教师指导、组织和引领学生能主动地适应智慧学习环境，组织和引导与传统模式中的绝对管理不同。与传统教学模式不同的是，新模式下教师作为引导者，注重学生自我管理和个性化发展，需要引导学生建立适合自己的学习观念和学习方法，指导学生获取其所需的学习信息。教师需引领学生完成系统性的学习过程，帮助他们自主地构建知识体系，形成终身学习的意识与自主学习的能力。学习过程开始，教师组织协调，引导学生正确建立学习任务；在实施过程中，教师应督促其及时完成任务以保证学习进度，确保学习过程不因不可控的干扰而受阻，体现完成组织和引导的职责。

2．绿色生态语境里未来幼儿园教师角色的转向。

绿色、生态幼儿园都是继森林幼儿园的风潮后，行业人员对未来幼儿园的憧憬和希望。森林幼儿园起源于丹麦。20 世纪 50 年代初，在北欧丹麦，一位名叫 Ella Flatau 的全职妈妈，每天都会带着她两个学龄前的子女到森林里散步，偶尔邻居的妈妈和幼童也会同行。逐渐地，这些妈妈们发现，孩子们天天在户外活动，他们体能较佳，少有争执，互动频繁，身心平衡。于是，当 Ella Flatau 萌生成立森林幼儿园的想法时，这些幼童的家长展现了极大的兴趣，他们联合起来，促成了第一个森林幼儿园的建立。森林幼儿园自然朴素的教学方式逐渐在斯堪的纳维亚地区蔓延开来，继而扩展到瑞典、挪威并开始流行于德国、美国、日本等发达国家。在这一语境中的未来幼儿园教师角色体现在以下方面：

首先，幼儿园教师是环境保护主义者和生态学研究者。无论是森林幼儿园还是强调绿色和生态主张的幼儿园发展的倡导者，基本前提都是热爱自然和环境，倡导对环境和生态的保护，期待幼儿生活在一个绿色、天然、健康的环境里。因此，作为践行绿色生态幼儿园理念的幼儿园教师，其本人首先应是一个真正的环境保护者，富有环境保护意识和精神，并且对生态学有基本的理解。

其次，幼儿园教师应是生命科学探索者和研究者。绿色生态的世界，人与各种生命平等共处，且要引导幼儿认识和了解无论在幼儿园内还是在大自然遇到的各种生物。因此，幼儿教师要有对生命科学探索的兴趣，并且应具有基本的生命科学常识和伦理观念。

再次，幼儿园教师应是户外探险家和安全守护员。森林幼儿园的日常课程是带领孩子去户外自由活动，有时是熟悉的户外环境，有时候是带有不可预知危险的环境，此外为了增加儿童的野外体验和生存技能，幼儿园教师就要充当示范和指导的角色，而胜任这一角色，幼儿园教师自己最好是热爱户外运动和探险的人，并且要具备一定的户外生存技能和医护救援能力。

最后，幼儿园教师将是有良好审美素养的环境规划和空间设计师。基于中国社会环境尤其城市环境的实际和幼儿园师幼比的实际，很长一段时间较难实现大部分的户外活动的理想，因此，在幼儿园内打造绿色和生态的环境，成为很重要的一项工作，这项工作的完成，需要有良好审美素养的环境规划师和空间设计师。

（二）未来幼儿园教师工作内容与方式的转向

同未来幼儿园教师工作的角色相呼应，未来幼儿园教师工作的内容也发生着相应的转变。

1．智慧学习环境语境中的工作内容。

智慧学习环境下，教师将采用新型的手段在特定的活动空间进行教学，教师的角色要适应环境信息感知、学习者的特征捕捉、学习资源的有效抓取、电子学习工具的辅助与利用，充分发挥新型数字化资源与智慧硬件环境互动与融合，形成智慧学习模式，促进教育模式的改革，更好培育出富有智慧和创造力的新型人才。未来幼儿园教师工作内容和方式都发生着与此相关的变化：熟练使用幼儿园各个技术平台和软件；合理处理幼儿、信息、技术和规则的关系；利用新的技术进行家园信息的管理；利用新的技术优化活动设计与组织等。

2．绿色生态环境语境里的工作内容。

森林幼儿园场域下，幼儿园教师的工作内容会相应注重生态园所的打造，注重教室空间的生态性和自然感；探索野外活动场地并设计相应活动路线；带领幼儿探索自然、研究自然中的新发现等。

3．作为幼儿园教育工作核心不变的内容。

无论时代怎么变化，幼儿教育的本质无法改变，对儿童生命的养护和热爱、美的熏陶、真的追求和善的表达，是不会改变的。因此，幼儿园教师工作中核心的内容始终存在：创设园所和班级环境、为幼儿提供活动材料、观察幼儿并记录幼儿成长档案、随时等待幼儿的咨询并提供合适的指引或帮助、定期向家长推送幼儿成长报告并及时沟通交流等。

第三节　本研究的目标与意义、任务与方法

2019 年 3 月教育部规建中心组织的一次论坛上，天津市河西区第一幼儿园园长李奇对于未来幼儿园发表了下面一番讲话：

未来是什么样，没人知道；未来的幼儿园如何勾勒，还不清晰。但我们有责任帮助孩子做好充分的准备，培养孩子对于主动学习知识，探索未来世界的动力和热情，让他们更自信地面对未来的世界。

首先，我们构建了数字化幼儿园的整体环境，建成了智慧园区管理服务平台和课程资源平台，使孩子、家长、教师和幼儿园管理者都能通过平台获取个性化的服务。例如，利用平台将孩子的活动视频生成二维码后发给家长，从而使家园合作的形式更加鲜活生动。

其次，我们以培养儿童信息技术素养为目标，应用先进技术，创新教学手段，为孩子营造更利于主动学习的数字化学习环境。例如，支持孩子利用专门的 APP，将橡皮泥手工课、故事情节设计训练与个性化定格动画制作实践相结合；在恶劣天气时，通过实物投影仪开发跳高、碰凳子、下腰过杆等虚实结合的互动游戏，提高游戏活动的参与感和趣味性。

最后，我们积极探索利用AI技术让孩子接触和体验智能科技，探索人工智能的神秘世界，激发孩子心中创新思维的火花，为适应将来人工智能时代的社会需求打好基础[①]。

这一段谈话传递的感受，也是本研究的动因——未来幼儿园到底会是什么样？现在只是设想，还存在各种争议。而我们作为研究者能做什么？尽可能客观理性地推断、尽可能为未来幼儿教育提供一种可能的参考与借鉴。

一、本研究的目标与意义

（一）本研究的目标

未来幼儿园教师工作标准研究的根本目的是研究制订出未来幼儿园教师的工作标准体系，给新手幼儿园教师提供最直接有效的参照，同时给幼儿园管理者提供培训新教师、评价教师工作的工具。

（二）本研究的意义

本研究的意义可以从两个方面来讲。一是研究的理论意义和价值。在国内国际学前教育研究中，尚未有关于幼儿园教师尤其未来幼儿园教师工作标准和规范的系统性研究。虽然不同国家和地区都有关于幼儿园教师专业标准的文件，但下沉到实践层面幼儿园教师工作的操作程序和评价标准等方面研究却是缺乏的。因此，从学术研究层面，这项研究是有丰富学前教育研究内容和成果的意义的。二是研究的实践价值。《幼儿园工作规程》《纲要》《幼儿园教师专业标准（试行）》对幼儿园教师的角色和工作内容都做出了规定和描述，对幼儿园教师培养、准入和培训都有重要的指导意义。然而，该文件虽然全面而宏观，并不含有操作层面的步骤和具体细节，因此在幼儿园新手教师走向熟手教师之间总有漫长的迷茫和摸索过程。未来幼儿园工作标准的研究制订，是以幼儿园教师具体工作为维度和主线，逐一讲解清楚工作任务和工作做好的标准（方式），能够成为初入职教师的拐杖，也能为培养幼儿园教师尤其师范生实习提供更加明朗和有效的流程和方案。

二、本研究的任务与方法

（一）本研究的任务

本研究的根本任务就是完成未来幼儿园教师工作标准的研究制订。分解任务主要包括几个方面：

1．厘清传统幼儿园教师角色和工作内容，描述未来幼儿园教师角色定位和工作转向。对这一任务的完成，须得先完成对传统幼儿园的理解与未来幼儿园内涵和特征的学界论说。

2．梳理清楚未来语境下幼儿园教师工作的任务和内容。这一梳理既要基于当前幼儿园践行的实际，也要适度考虑未来幼儿园教师新的角色和新的工作内容。

---

① 教育部学校规划建设发展中心．AI如何赋能未来幼儿园？［EB/OL］．（2019-03-20）［2020-11-11］．https://www.csdp.edu.cn/article/4715.html．

3．详尽描述幼儿园教师每项工作的任务要求和标准。以做到新手幼儿园教师拿到可懂、看后可“循章”上手，幼儿园管理者可以直接依据此标准评判教师工作是否合格为准。

（二）本研究的方法

本研究根据研究内容的性质需求，主要采取文献法、调查法和专家咨询法。广泛检阅各类文献，包括学术期刊、报纸、一些相关权威的媒体平台（如教育部规建中心的“教育之弦”、中国教育信息化在线、未来学校研究院、必达学校、问对教育、新校长传媒）等刊发的相关研究性、新闻性、视点型文章，幼儿教育相关政策文件，此外还搜集代表性幼儿园园内有效的教师工作岗位职责等制度性材料。调查法兼用了问卷调查和访谈调查，问卷调查新手教师工作存在的困难；访谈调查管理者在培训幼儿园新手教师过程中存在的问题和需要。在拟定未来幼儿园教师工作标准的细节上，采用专家咨询法，咨询专家包括幼儿园一线富有经验的管理者、相关研究的资深学者及现代信息技术专家等。

在此要做出说明的是，鉴于未来幼儿园和未来幼儿园教师工作在内涵与定位上都还在讨论阶段，本书关于“幼儿园教师工作标准”依托的内容维度，还主要是依据《幼儿园工作规程》第四十一条关于幼儿园教师主要职责的规定（作为纬线）：第一，观察了解幼儿，依据国家有关规定，结合本班幼儿的发展水平和兴趣需要，制订和执行教育工作计划，合理安排幼儿一日生活；第二，创设良好的教育环境，合理组织教育内容，提供丰富的玩具和游戏材料，开展适宜的教育活动；第三，严格执行幼儿园安全、卫生保健制度，指导并配合保育员管理本班幼儿生活，做好卫生保健工作；第四，与家长保持经常联系，了解幼儿家庭的教育环境，商讨符合幼儿特点的教育措施，相互配合共同完成教育任务；第五，参加业务学习和保育教育研究活动；第六，定期总结评估保教工作实效，接受园长的指导和检查。工作标准撰写的经线则选择幼儿园一日生活安排中涉及幼儿园教师要完成的事项。关于未来幼儿园内涵与特征、未来幼儿园教师角色与工作转向，作为引领性的理念性内容，渗透在工作标准的撰写之中。

写在本章最后

工作人员：未来幼儿园教师工作的另一种可能

教师角色：工作人员

在瑟谷学校，孩子们自己决定一天怎么过。不管多大的孩子，他们做什么，什么时候做，怎样做，在哪里做，都由他们自行决定。这种自由是学校的核心精神，是属于每一个学生的不可侵犯的权利。

校园里，成人和孩子自由扎堆，一片生机。有人聊天，有人阅读，有人玩耍，有人在影像室冲印照片，也有人在上空手道课或在舞蹈室的垫子上跳舞……

办公室里有人在做行政工作，有人在玩角色扮演游戏，还有人大概在排话剧。学校采用传统的新英格兰全镇大会的模式管理，所有日常事务均交由每周的全校大会来决策。

会上，每个孩子和工作人员都有投票权。任何有关行为准则、设施使用、费用开支、人员招聘的事宜都可以拿来辩论，最后由大家投票表决。这保证了孩子们能完全参与到学校的管理中去，并对校园生活质量负责。

这里，自由被珍视，人与人之间相互尊重，成人和孩子和平共处；这里，生活即学习。

（资料来源：杨春林，2020．未来教师的10种新角色［J］．云南教育（视界综合版）（4）：25-27.）

第二章　未来幼儿园生活活动工作标准

《纲要》指出“根据幼儿的需要建立科学的生活常规”“培养幼儿良好的饮食、睡眠、盥洗、排泄等生活习惯和生活自理能力”，生活活动在这些目标的达成上具有其他活动不可替代的作用。幼儿园生活活动是指满足幼儿生命基本需要的活动，具有发展幼儿生活自理、与人交往、自我保护等能力，培养幼儿规则意识和健康生活习惯的作用，贯穿保教结合的原则。幼儿园生活活动主要指幼儿入园、盥洗、餐点、饮水、如厕、睡眠、离园七大环节，作为幼儿园一日生活的重要组成部分，贯穿于一日生活的始终。

在未来幼儿园中，人工智能和互联网等技术会渗透到幼儿园生活活动的各个环节，以便帮助幼儿园教师更快速、准确掌握幼儿的生活状态，并高效智能地形成数据，把数据结果及时传递给本班所有教师、园方管理者以及家长，具体表现在：一是人工智能可帮助幼儿园教师连续记录和分析班级每位幼儿身心发展的基本情况，根据幼儿的实际情况建立科学的一日生活常规，引导、支持和鼓励幼儿参与生活规则的建立，既形成集体生活秩序，又满足幼儿个体的合理需要，不强求整齐划一；二是人工智能可帮助教师组织和指导幼儿生活活动时进行充分的预设和准备，减少不必要的等待现象，避免时间浪费，同时兼顾幼儿受保护和独立的需要，避免包办代替；三是智能穿戴设备可以协助幼儿园教师对幼儿进行实时的健康、安全监测，每天移动智能配件监测数据分析得出幼儿身体的健康状况，输出最合理的饮食，同时发送给幼儿园后勤保障部门和家长。智能穿戴设备还可以随时监测幼儿的身体状态并及时将异常情况反映给教师，教室环境控制设备则根据幼儿状态调节教室的亮度、空气、温度和湿度，制造出最舒适的午睡环境①。

第一节　入　园

一、概述

一日之计在于晨，幼儿一日生活由入园开始，藏着幼儿的“小需求”和家长的“大期待”。作为幼儿园教师，如何在晨间入园环节做到“细”“趣”“益”，既是其专业发展的展示，也为幼儿成长提供契机。在科学技术发展的时代背景下，人工智能已经在幼儿入园环节发挥作用。例如，幼儿刷卡出入幼儿园，自动记录幼儿出勤状况、接送人情况、危险预警等。在未来幼儿园中，人工智能不仅能够记录幼儿出入园所的情况，还可以协助或者替代晨检医生对幼儿的身体健康状况进行全方位检查和记录，根据幼儿的实际情

① 宋丹，杨龚，李茂林，等，2019．人工智能在学前教育中的应用浅探［J］．今日科苑（10）：31-42．

况评估幼儿适合参加的一日生活活动及时长，给予幼儿园教师科学合理的建议。

二、入园工作流程

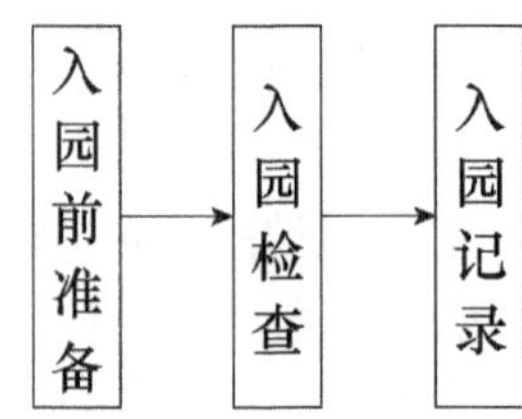

（一）入园前准备

1. 教师在本班教室做好晨检准备工作：开窗通风，室内外清洁做到“六净”（地面、桌椅、门窗、玩具柜、口杯架、毛巾架要干净）。

2. 教师需提前登录园方的智慧系统，熟悉幼儿当日在家的身体、情绪状况，并做好交接工作。

（二）入园检查

1. 教师面带笑容向幼儿问早、问好，同时指导幼儿使用礼貌用语向老师、同伴问早。

2. 教师与家长简短交流或交接，做到一摸（触摸额头、脖子等检查有无发烧、腮腺炎等症状）、二看（观察幼儿的脸色、皮肤等有无异样）、三问（向家长询问幼儿的健康情况）、四检查（检查有无携带危险品），并利用智能设备记录幼儿信息与家长共享。

3. 晨检特殊情况处理：遇有可疑发热的幼儿，应安抚其坐在门口的小椅子上并测量体温；遇有在入园路上产生外伤的幼儿，需要及时进行处理；对带药来的家长索要病历或请家长签字，并检查药名、标签是否清楚，药物是否过期；对不该带入幼儿园的物品由家长带回去。同时，密切关注这些幼儿当日的情况，如果再发现有异常情况，应及时联系家长。

4. 教师引导幼儿摆放好随身携带的物品，并用幼儿感兴趣的方式签到。同时指导值日生做好区域材料的整理、气象记录、环境清理及照顾动物等工作，其他幼儿有计划地、自主地参与建构、阅读、美工等区域活动。

（三）入园记录

1. 引导幼儿自主签到，在智慧系统上做好出勤记录，并参与活动。

2. 运用园所智慧系统做好幼儿健康观察登记表，在园幼儿带药、服药记录，幼儿出勤登记表，尤其是身体不适幼儿的用药登记。

三、入园工作标准

工作流程	工作标准
入园前准备	1. 按照园所管理制度准时到岗，并着装适宜。
	2. 按照幼儿园卫生保健要求做好园内物品消毒工作。
	3. 准备好入园工作所需的材料，如出勤表、健康表等。
入园检查	1. 主动热情迎接幼儿。
	2. 辅助晨检医师做好晨检。
	3. 热情接待家长，必要时与家长简短交流。
	4. 幼儿有特殊情况应及时与家长联系。
	5. 与幼儿交流感兴趣的事，并介绍一天的计划或活动安排。
	6. 灵活组织晨间谈话活动。
入园记录	1. 准确记录出勤情况。
	2. 准确记录好幼儿健康观察情况。
	3. 准确记录好在园幼儿带药、服药情况。
	4. 准确记录幼儿随身携带的特殊物品。

四、入园工作范例

幼儿晨间入园工作范例

1. 每天早晨幼儿入园前，教师做好本班的晨检准备工作。

2. 教师按照园内工作要求着装，在班级门口处面带微笑与即将进班的幼儿和家长相互问候。

3. 教师与家长进行简短交流，询问幼儿昨天晚上在家时的身体状况和情绪表现，了解幼儿是否有异常现象，并记录家长交代的特殊事项，做好沟通交接工作。

4. 教师仔细观察幼儿的精神、面色、皮肤、嘴唇，有无精神状态不好，身上及四肢有无出疹、外伤，头部发热，淋巴结肿大等情况，如有异常请与家长核实，必要时带孩子到保健医生处复检，得到保健医生的确认后方可进班。

5. 如有保健药品或药品请家长按照《服药记录本》的要求在园所智慧系统上详细填写并签字。

6. 查看幼儿带来的衣物和书包，如有未做记号的物品用不贴胶（写有幼儿学号或姓名）贴在幼儿物品上，并放在幼儿个人的储物柜里，以免丢失。对不该带入幼儿园的物品或危险品由家长带回，如幼儿带有贵重物品，要在有两人以上见证情况下退给家长。

7. 检查幼儿所带药品的药名、标签是否清楚，药物是否过期，并在班级《服药记录本》上详细填写，幼儿家长确认签字后，将所带药品放于班级固定药柜里，并认真填写服药记录，按照要求为幼儿服药。同时，密切关注这些幼儿当日情况，如果再发现有异常情况，应及时联系家长。

第二节　餐　　点

一、概述

幼儿园餐点主要包括早餐、午餐和上下午的水果、点心，即常说的两餐两点。在操作流程上，进餐环节涵盖了餐前、进餐、餐后 3 个环节。在未来幼儿园中，智能穿戴设备可以协助幼儿园教师对幼儿进行实时的健康监测，移动智能配件监测数据分析得出幼儿身体的健康状况，输出最合理的饮食清单发送给幼儿园后勤保障部门，后勤保障部可以根据建议合理调整幼儿的餐点情况。在餐前、进餐和餐后环节，智能机器人都可以协助或者替代幼儿园教师完成细节性工作，从而帮助教师有更多的时间和精力引导幼儿形成良好的用餐规则意识和用餐行为。

二、餐点工作流程

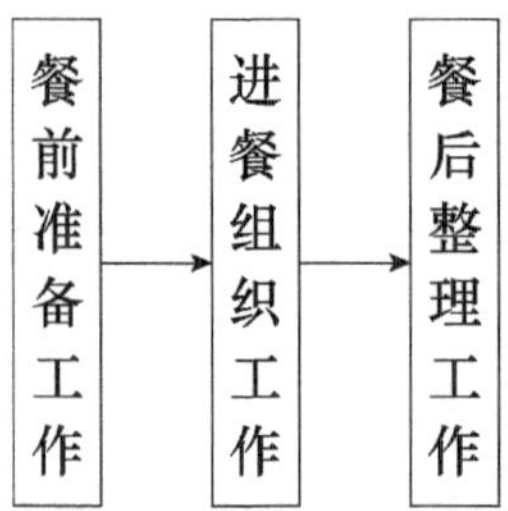

（一）餐前准备工作

1. 智能机器人协助教师组织幼儿有秩序地盥洗。
2. 进餐前 5～15 分钟组织安静的餐前活动。
3. 智能机器人协助做好餐具准备工作。
4. 创设安静、自主的进餐环境，便于幼儿自主取用食物。
5. 组织值日生有序地协助、进行力所能及的餐前准备辅助工作。
6. 智能机器人负责核实个别对进餐食物有过敏史的幼儿，提前协助幼儿园教师把信息传递给后期保障部，以便给有过敏史的幼儿进行调控添减食物。

（二）进餐组织工作

1. 根据活动室布局合理组织幼儿自主取餐，及时提醒幼儿避免碰撞、撒饭、滑倒，组织幼儿根据自己需要取用食物。

2. 认真巡视，随时指导幼儿文明进餐（坐姿端正，正确使用餐具，专心进餐，不浪费，保持餐桌、地面、衣物整洁），根据幼儿身体发展需要调控进食量。

3. 对进餐慢、肥胖幼儿和体弱幼儿，应及时提醒进食速度，合理添减食量，并在园所智慧系统上做好记录，以便于家长共享信息与沟通。

4. 提醒幼儿将果皮或食物残渣倒入垃圾桶，将餐盘、餐巾等餐具分类轻放在指定位置，离开就餐区，不影响其他幼儿进餐。

（三）餐后整理工作

1. 指导幼儿餐后主动漱口。

2. 智能机器人协助教师及时做好餐后清洁整理工作，保持室内桌椅、地面整洁，无饭渣，不油腻。

3. 注意观察幼儿进餐后的精神状态，做好个别幼儿观察记录。

4. 合理组织幼儿餐后活动，避免剧烈运动。

三、餐点工作标准

工作流程	工作标准
餐前准备工作	1. 智能穿戴设备根据幼儿年龄特点和幼儿园服务形式合理安排每日进餐时间，并按时进餐。
	2. 组织安静的餐前活动。
	3. 创设安静、愉快的进餐环境保证幼儿情绪愉快。
	4. 盛饭菜的容器应放到幼儿不易触碰到的地方，避免烫伤幼儿，做好饭菜的散热、保温、保洁工作。
进餐组织工作	1. 进餐中不过度催促幼儿，进餐时间不少于 30 分钟。
	2. 指导正确使用餐具，逐渐培养幼儿独立进餐习惯。
	3. 观察进食量，对特殊幼儿给予个别照顾，并对出现的异常情况及时处理。
	4. 纠正幼儿不良进餐习惯，提醒幼儿不偏食。
	5. 指导幼儿文明、安静进餐。
餐后整理工作	1. 引导幼儿餐后擦嘴、漱口以及洗手。
	2. 进餐后半小时教育幼儿不做剧烈活动。
	3. 做好餐具与桌面消毒工作。
	4. 组织幼儿进行 5～10 分钟的餐后活动，结合不同季节指导幼儿进行适宜活动。

四、餐点工作范例

幼儿园午餐工作范例

餐前准备工作

1. 教师组织幼儿安静有序地坐在位置上进行餐前活动（餐前活动可以是玩手指游戏、玩语言游戏、做音乐律动等），避免幼儿在餐前情绪过于兴奋、激动。

2. 对幼儿简单讲解午餐的菜色、营养搭配和对身体的益处，激发幼儿吃饭的兴趣。

3. 教师站在卫生间和活动室之间位置，视线范围可看到所有幼儿，组织帮助幼儿进行饭前盥洗。

4. 播放轻松愉快的进餐音乐，为幼儿创造愉快的进餐环境。

幼儿进餐

1. 教师引导并协助幼儿自主端饭。

2. 教师在幼儿进餐时要来回巡视幼儿的进餐情况。

3. 培养幼儿良好的进餐习惯，提醒幼儿吃饭时姿势要端正，右手拿勺，左手扶碗，干稀搭配，不挑食，不剩饭，尽量不撒饭，吃饭时不东张西望，细嚼慢咽。吃完第一份还想吃时，主动向老师提出自己的需求。

4. 教师提醒语言要轻声细语，态度和蔼，保证幼儿良好的进餐情绪。

5. 给予进餐困难的幼儿（进餐慢、体弱、患病）帮助，对食欲不振、精神不好或呕吐的幼儿要及时处理。

6. 要求幼儿咽完最后一口饭，方可离开送餐具。

餐后工作

1. 教师指导幼儿分类将餐具放在盆内。

2. 督促幼儿用温开水漱口，用专用餐巾擦嘴。

3. 餐后组织幼儿在教室内进行安静有序的活动（例如阅读图书、区域游戏等），避免激烈的活动。

第三节　盥　　洗

一、概述

盥洗活动在幼儿园活动中的频次最高。以洗手为例，孩子一天洗手的次数多达 10 次以上，饭前饭后、便前便后、喝水前、运动后……因此，盥洗活动看似简单，却是幼儿园生活活动最为重要的环节。养成良好的盥洗习惯，有利于预防经手传播的疾病，形成保障幼儿身体健康的第一道防线。在未来幼儿园中，盥洗间可以安装可感应幼儿是否盥洗，是否按照正确的步骤盥洗，是否盥洗干净的感应器，以便提醒和帮助幼儿顺利完成盥洗环节，养成良好的盥洗行为和习惯。

二、盥洗工作流程

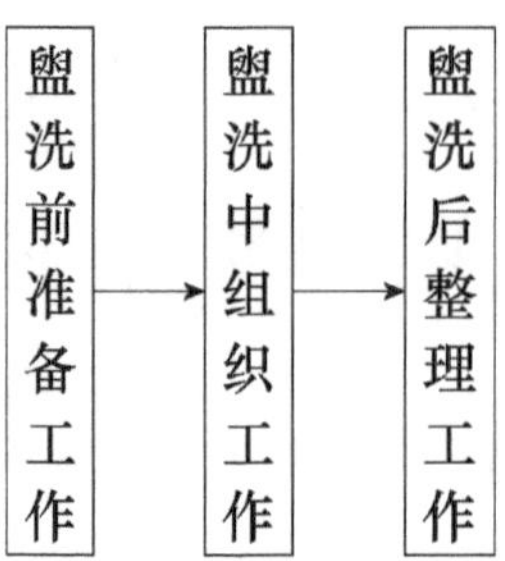

（一）盥洗前准备工作

1．提供幼儿盥洗的用具，如洗手液、纸巾、毛巾等。
2．创设良好的盥洗环境。
3．利用多种方法引导幼儿掌握正确盥洗方法。
4．强调盥洗的纪律、卫生要求及注意事项，如互相谦让，不拥挤、不打闹、不玩水、不要弄湿地面等。

（二）盥洗中组织工作

1．提醒幼儿排队轮流盥洗，保证盥洗安全，提醒幼儿节约用水。
2．指导幼儿洗手方法，照顾有个别需要的幼儿。
3．教育幼儿饭前便后及活动后洗手，提醒幼儿使用自己的毛巾擦手。

（三）盥洗后整理工作

1．组织幼儿有序离开盥洗室。
2．做好盥洗室清洁工作。

三、盥洗工作标准

工作流程	工作标准
盥洗前准备工作	1．智能设备控制合适的盥洗用具数量。
	2．智能设备创设出温馨、舒服的盥洗环境，符合幼儿审美需要。
	3．智能设备控制温度适宜的流动水。
	4．智能设备可根据幼儿身高调整盥洗台的高度。
	5．智能机器人协助教师引导幼儿学会正确盥洗步骤与方法，如洗手七步法。
盥洗中组织工作	1．智能机器人协助教师保证幼儿盥洗安全有序。
	2．智能监控幼儿盥洗时间。
	3．智能机器人协助教师照顾有个别需要的幼儿。
盥洗后整理工作	1．智能机器人协助教师做到幼儿用品专人专用，及时洗净，定期消毒、更换。
	2．智能机器人保持地面清洁、干爽。

四、盥洗工作范例

小班幼儿洗手工作范例

1．准备色彩不同、大小适宜、形状各异的肥皂，吸引幼儿积极参与洗手活动。

2. 根据盥洗室的空间大小，将幼儿合理分组，指导其有序地洗手。

3. 帮助或指导每个幼儿将袖子挽至胳膊肘处，防止溅湿衣袖。

4. 指导幼儿轻轻打开水龙头，调至合适的位置，保持水流柔和。

5. 参与幼儿的洗手活动，和幼儿一边说儿歌一边用七步洗手法去洗手，增强幼儿洗手活动的趣味性。

6. 密切关注每个幼儿的洗手过程，对搓洗不仔细、冲洗不干净等行为，教师要耐心地给予动作示范和语言提示。

7. 帮助幼儿洗完手后用正确的方法擦干双手，将衣袖放下，整理平整。秋冬季还要帮助幼儿涂抹护手霜。

8. 幼儿盥洗结束后，及时用干拖把擦干地面的水，等最后一个幼儿洗完手后再离开盥洗室。

9. 及时评价幼儿洗手过程的表现，对正确行为给予鼓励。

10. 饭前饭后、便前便后、活动后、手脏时，都要及时帮助或指导幼儿洗干净双手。

第四节　饮　　水

一、概述

幼儿生长发育快，水分消耗也快，但其肾功能尚不完善。因此，及时补水对幼儿身体发育非常重要。在未来幼儿园中，智能穿戴设备可以随时监测幼儿的身体补水情况，按照幼儿的实际需要，提醒幼儿及时补充水分，并给予幼儿饮水量等方面的合理建议。智能设备和智能机器人则协助教师科学、高效地完成饮水前、饮水中和饮水后的细节工作。

二、饮水工作流程

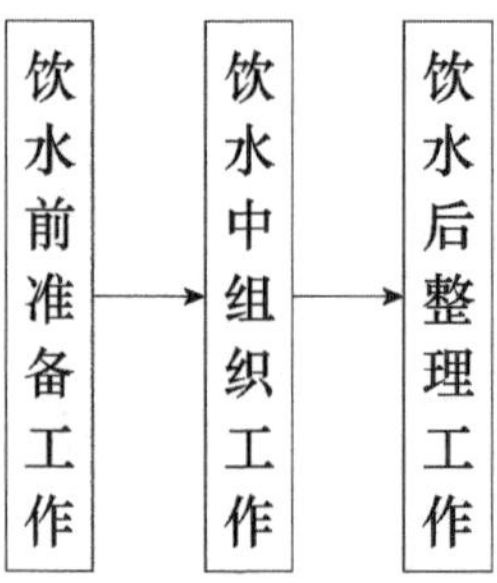

（一）饮水前准备工作

1. 每天将水桶、水杯进行清洗、消毒。

2. 提供温度适宜、质量有保证的饮用水。

3. 为每位幼儿提供专用的杯子。

4. 创设安全的饮水环境，保证幼儿能按需饮水。

（二）饮水中组织工作

1．提醒幼儿接水注意安全，以防热水烫伤。

2．引导幼儿学会正确的饮水方法、节约用水。

3．智能穿戴设备协助幼儿园教师提醒和保证每个幼儿喝到足量的水。

4．智能穿戴设备可以监测幼儿饮水的温度。

5．智能穿戴设备可以监测幼儿的身体状态，协助教师照顾身体不适幼儿，根据需要提醒幼儿增加或减少饮水次数。

（三）饮水后整理工作

1．提醒幼儿把水杯归还原处。

2．定期检查保育员水杯消毒情况，做好记录，及时反馈。

三、饮水工作标准

工作流程	工作标准
饮水前准备工作	1．应为幼儿提供符合国家《生活饮用水卫生标准》的生活饮用水。
	2．智能机器人协助教师在幼儿每次饮水前提出要求，排队取水杯，依次接水，爱护水杯，轻拿轻放。
	3．智能设备控制温度适宜的流动饮用水。
饮水中组织工作	1．每日上、下午各进行 1～2 次集中饮水，3～6 岁幼儿饮水量为 100～150 毫升/次，智能机器人根据季节变化和幼儿自身的身体健康情况协助教师判断和调整幼儿的饮水量。
	2．养成良好的饮水习惯，如坐着喝，喝完后椅子放好才能离开桌子，再去玩耍。
	3．智能机器人协助教师培养幼儿适宜的喝水速度，幼儿喝水不要过快、过多，否则可造成急性胃扩张，出现上腹部不适，而且不利于吸收。
	4．智能机器人协助教师引导幼儿学会主动取水、按需饮水、适时饮水。
饮水后整理工作	1．做到幼儿水杯及时洗净，定期消毒、更换。
	2．智能机器人保持地面清洁、干爽。

四、饮水工作范例

幼儿园饮水工作范例

1．做好饮具的清洁、消毒，准备足够的饮用水，保证幼儿随时有水喝。需要喝热水的季节，提前20分钟打开饮开水电源，待水烧好后，立即关闭电源。预防幼儿烫伤，做好饮水安全。

2. 饮水前提出要求，排队取水杯，依次接水，爱护水杯，轻拿轻放。坐着喝，喝完后椅子放好才能离开桌子，再去玩耍。

3. 教师组织幼儿安全、有序地喝水，并观察幼儿喝水的速度与习惯，对于个别幼儿需单独引导。

第五节 睡　眠

一、概述

幼儿园睡眠活动是一日活动组织的重要环节，幼儿睡眠质量的好坏直接影响活动的流畅性。对于全日制幼儿园而言，睡眠主要是午睡环节。在未来幼儿园中，智能穿戴设备可以随时监测幼儿的身体状态并及时将异常情况反映给教师，教室环境控制设备则根据幼儿状态调节教室的亮度、空气、温度和湿度，制造出最舒适的午睡环境，智能机器人则可以协助或者替代教师引导幼儿午睡。

二、睡眠工作流程

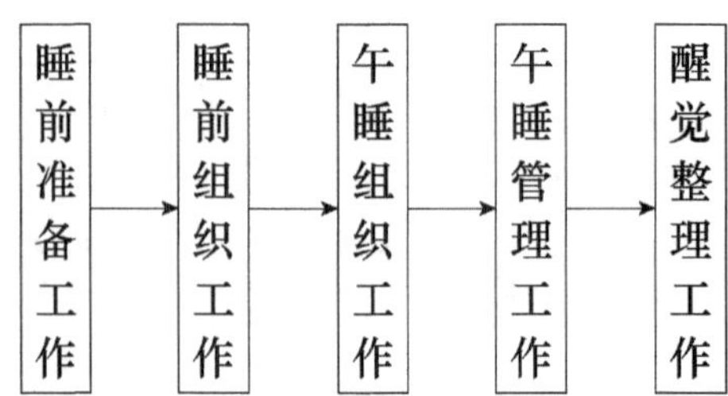

（一）睡前准备工作

1. 智能设备根据幼儿自身情况创设一个良好的睡眠环境。
2. 保持卧室空气流通。

（二）睡前组织工作

1. 组织睡前活动。
2. 智能机器人协助教师组织幼儿睡前如厕工作。
3. 智能机器人协助教师安排幼儿午睡位置。

（三）午睡组织工作

1. 智能机器人协助幼儿轻声走进卧室。
2. 智能机器人协助幼儿按顺序脱衣服并放在固定位置。

3．智能机器人协助幼儿盖好被子准备入睡。

（四）午睡管理工作

1．智能机器人协助教师检查幼儿是否携带有安全隐患的物品上床。
2．智能机器人协助教师定期巡视幼儿午睡，细心观察幼儿举动。
3．组织中午不愿午睡的幼儿活动。
4．及时做好午睡记录。

（五）醒觉整理工作

1．智能机器人协助教师运用适当的方式提醒幼儿起床。
2．智能机器人协助教师整理床铺。
3．智能机器人协助教师提醒幼儿如厕、喝水。
4．整理幼儿衣服及梳理头发。

三、睡眠工作标准

工作流程	工作标准
睡前准备工作	1．智能设备创设清洁、优雅、安静、光线柔和的卧室环境，周围色彩以冷色为主。
	2．智能设备根据幼儿的自身情况控制室温为20～22℃，湿度为40%～60%。
	3．每天坚持在幼儿午睡前一小时打开门窗，交换室内外空气。
	4．每天定时使用空气消毒器消毒午睡室，并做好消毒记录。
	5．保证幼儿一人一床一被，保持床单、被褥等物品的清洁、卫生。
睡前组织工作	1．午睡前，智能机器人协助教师安排安静的活动，如睡前谈话、散步、阅读活动等，稳定幼儿情绪。
	2．午睡前10分钟，智能机器人协助教师做好提醒幼儿大小便的工作。
	3．避免有传染性的疾病（如感冒）交叉感染。
	4．邻床的幼儿掉头睡，以免幼儿之间相互说话、逗闹。
	5．较活跃、不爱睡觉的幼儿旁边安排较内向、睡眠良好的幼儿。
午睡组织工作	1．智能机器人协助教师引导幼儿轻声、有秩序走进卧室。
	2．进入卧室后，智能机器人协助教师不断地提醒脱衣服的要求和顺序，帮助并指导幼儿脱衣服并放在固定位置，特别是提醒幼儿脱完裤子后才能上床脱上衣、盖被子。
	3．教师应让女生将头上的发饰、橡皮筋取下。

续表

工作流程	工作标准
午睡组织工作	4．保持室内整洁，开窗通风，保持空气流通，根据季节变化和幼儿个体差异调整卧具。
	5．提醒幼儿盖好被子准备入睡。
午睡管理工作	1．检查幼儿是否拿着如按钉、铅笔等有安全隐患的坚硬小物品上床。
	2．值班中不聊天，说话、动作轻，随时观察幼儿的午睡情况，勤走动。
	3．智能机器人协助教师根据本班的需要及时护理个别幼儿。如给爱出汗的幼儿擦汗，提醒尿床的幼儿解便，冬季起床解便时要给幼儿披上外衣。
	4．3～6 岁幼儿午睡时间根据季节以 2～2.5 小时/日为宜。
	5．针对中午不愿午睡的幼儿，需要与家庭配合，帮助其建立良好的睡眠习惯。
	6．实在无法入睡的幼儿，应避免让其消极等待或者影响其他幼儿入眠，可安排其在专门的教师的照顾下进行一些安静的活动。
醒觉整理工作	1．醒觉前 10 分钟开始放音乐，可使醒了的幼儿欣赏音乐，没醒的幼儿渐渐从睡梦中醒来。
	2．不宜马上叠被褥，应该把被翻个面，平摊于床上，打开窗户，让屋内空气对流，使被子中的湿气和气味自然排除，过 20 分钟再叠被。
	3．提醒幼儿有秩序地如厕、喝水。
	4．整理幼儿着装及梳理女生头发。

四、睡眠工作范例

午睡工作范例

睡前准备工作

1. 午睡前为幼儿创设一个良好的睡眠环境。卧室内环境应保持清洁、优雅，安静、光线柔和，周围色彩以冷色为主。室温一般以 20～22℃为佳，湿度以 40%～60%为宜。

2. 每天坚持在幼儿午睡前一小时打开门窗，交换室内外空气，使午睡室空气清新。

午睡前组织工作

1. 午睡前宜安排安静的活动，如睡前谈话、散步、阅读活动等。

2. 午睡前 10 分钟，做好提醒幼儿大小便的工作。

3. 午睡位置安排。避免有传染性的疾病（如感冒）交叉感染。另外，让邻床的幼儿掉头睡，以免幼儿之间相互说话、逗闹；较活跃、不爱睡觉的幼儿旁边安排较内向、睡眠良好的幼儿。

午睡组织工作

1. 引导幼儿轻声走进卧室。

2. 按顺序脱衣服并放在固定位置。

3. 盖好被子准备入睡。

午睡管理工作

1. 教师要检查幼儿是否拿着有安全隐患的物品上床，如按钉、铅笔等坚硬的小物品。

2. 午睡时间，值班教师及工作人员应保持安静。教师切忌在幼儿午睡时窃窃私语，影响幼儿睡眠质量。

3. 定期巡视幼儿午睡，细心观察幼儿举动。幼儿身体不适或生病时常会反映在睡眠上，教师要善于观察发现。教师要克服幼儿睡觉时不会有事的麻痹思想。一般来说，每隔15分钟巡视一次，及时发现问题、处理问题，杜绝意外事故的发生。

4. 针对中午不愿午睡的幼儿，需要与家庭配合，帮助其建立良好的睡眠习惯。实在无法入睡的幼儿，应避免让其消极等待或者影响其他幼儿入眠，可安排其在专门的教师的照顾下进行一些安静的活动。

5. 及时做好午睡记录，并与其他教师密切配合，有针对性地采取相应的措施。如个别幼儿睡前喝水过多或有尿频症的，教师有意识地对其加以观察，耐心督促，在一定的时间轻轻地提醒，共同提高幼儿的睡眠质量。

醒觉整理工作

1. 醒觉前10分钟开始放音乐，可使醒了的幼儿欣赏音乐，没醒的幼儿渐渐从睡梦中醒来。这样下午就会精神饱满，还可以防止孩子因突然睡眠中断而引起的恐惧心理。

2. 幼儿醒觉起来，不宜马上叠被褥。应该把被翻个面，平摊于床上，打开窗户，让屋内空气对流，使被子中的湿气和气味自然排除，过20分钟再叠被。

3. 针对托班、小班需要特殊照料的幼儿，可由保教老师帮助或辅助完成床铺的整理工作；对于中班的孩子，可以在日常教学互动中渗透叠被褥活动，学习自行整理被褥；大班的幼儿，要求能够自己完成床铺的整理工作。

4. 醒觉整理后，幼儿如厕、喝水。

第六节　如　　厕

一、概述

如厕是幼儿园一日活动中的重要环节，如厕能力的培养是幼儿园生活教育的一个重要组成部分，对提高幼儿的生活自理能力、独立性、情感等方面具有重要意义。在未来幼儿园中，智能穿戴设备可以随时监测幼儿的如厕需求，及时提醒幼儿自己以及教师有关幼儿的如厕时间，做到及时、健康科学地如厕，智能机器人还可以协助或者替代教师引导幼儿如厕，使幼儿养成良好的如厕行为和习惯。

二、如厕工作流程

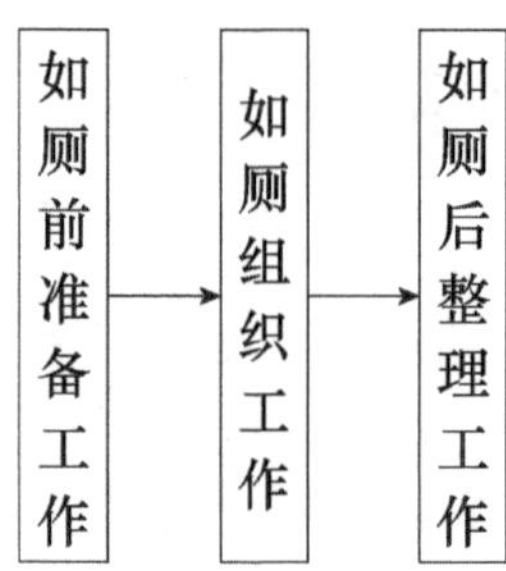

（一）如厕前准备工作

1. 使用智能设备创设干净、舒适的物质环境和精神环境。
2. 智能设备根据幼儿的身高调整坐便椅的高度。
3. 智能机器人告知教师幼儿如厕的要求。

（二）如厕组织工作

1. 智能机器人协助教师组织幼儿有序如厕。
2. 智能机器人协助教师训练、指导幼儿如厕的步骤。
3. 智能机器人协助教师注意观察幼儿如厕，留意幼儿安全。
4. 智能机器人协助教师指导幼儿整理衣裤。

（三）如厕后整理工作

1. 智能机器人协助教师及幼儿做好厕所清洁工作。
2. 智能机器人协助教师引导幼儿养成便后洗手的习惯。

三、如厕工作标准

工作流程	工作标准
如厕前准备工作	1. 保持厕所干净、整洁，空气清新、无异味，保证厕所内的空气流通。
	2. 创设宽松、安全、和谐的氛围，用接纳、平和的态度对待幼儿尿裤子等如厕行为。
	3. 训练幼儿使用的坐便椅，以座椅式智能便椅为首选。颜色鲜艳、充满童趣的坐便椅，能激发幼儿进行大小便训练的兴趣。选择坐便椅的原则是：牢固、舒适、高低适宜，可根据幼儿身高调整高度，幼儿坐上去时，双脚应正好着地。

续表

工作流程	工作标准
如厕组织工作	1．智能机器人协助教师组织幼儿有序地分别如厕，秋冬季和初春时教师应给幼儿扎裤子。
	2．训练幼儿如厕的步骤：练习脱裤子—坐在便椅上—排便—擦屁股—提裤子—冲水—洗手。
	3．智能机器人站在厕所门口处，协助教师注意幼儿如厕安全。
如厕后整理工作	1．培养幼儿良好的卫生习惯，智能机器人协助教师提醒幼儿大小便后及时冲厕所。
	2．智能机器人协助教师监督幼儿便后洗手。
	3．智能机器人保持厕所地面干燥。

四、如厕工作范例

新生入园如厕工作范例

1. 入园第一天带幼儿熟悉班内、园内的厕所位置。

2. 与幼儿共同制订班级的如厕常规、厕所文明公约等，并用图画等方式记录下来，用于厕所环境的创设。

3. 引导幼儿主动做好过渡环节的如厕准备。

4. 帮助幼儿学习正确的如厕方法，对于经常尿床、穿脱有困难的幼儿，教师给予及时的帮助和引导。

5. 男孩女孩能轮流如厕，教师对如厕过程中喧哗、玩闹、争抢等行为进行劝导，提醒幼儿不在厕所逗留、玩耍。

6. 引导幼儿学会协助教师维持盥洗室的卫生、整洁。

7. 做好家园沟通工作，提醒家长每天为幼儿准备1～2套衣服带到幼儿园，以便更换。

第七节　离　　园

一、概述

离园活动是幼儿园一日保教活动的结束环节，也是幼儿园一日生活的重要组成部分，具有承前启后的作用。在未来幼儿园中，人工智能可以协助或者替代教师组织离园工作，监测并识别校园门口的可疑人士，提前发出危险预警。

二、离园工作流程

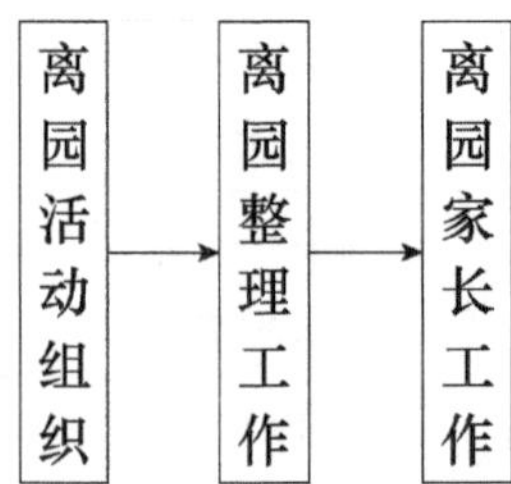

（一）离园活动组织

1．组织幼儿进行离园活动，稳定幼儿情绪，使他们耐心等待家长来接。

2. 引导幼儿回忆并表达一天的快乐生活，鼓励幼儿的点滴进步，引导幼儿学会关注、欣赏和赞美同伴。

（二）离园整理工作

1．检查整理幼儿仪表，帮助幼儿穿好外衣，整理好裤子，检查鞋子。

2．帮助或提醒幼儿整理好自己生活和学习用品，携带好个人物品，不遗漏自己的物品，不乱拿别人的物品。

3．清点人数，做好交班工作。

（三）离园家长工作

1. 严格执行幼儿园离园接送制度，智能机器人协助教师引导家长有序排队接幼儿离园，确保幼儿安全。

2．向家长介绍幼儿在园的一日生活情况，解答家长疑问，并提出指导性建议。

3．对没有按时接走的幼儿，要做好必要的组织工作，保持幼儿的愉快情绪。如自己需要离开，一定亲手交给值班的教师。

4．待幼儿全部离园后，认真检查本班门窗、水电是否关闭，确保离园工作安全。

三、离园工作标准

工作流程	工作标准
离园活动组织	1．离园前 10 分钟组织安静活动，确保幼儿耐心等待家长。
	2．幼儿整理好园所所使用的物品，养成良好的习惯。
离园整理工作	1．确保幼儿仪表整洁，换洗衣服带好。
	2．协助幼儿收拾好自己的书包。
	3．两位教师共同配合，一位教师协助幼儿整理仪表与书包；另一名教师负责引导幼儿排队，以免幼儿趁乱走失。

续表

工作流程	工作标准
离园家长工作	1．安全、有序地通过“AI”智慧扫描，家长与幼儿信息匹配一致方可离开。
	2．若家长与幼儿信息匹配不一致，需要进一步地确认信息，如他人替接幼儿时，要与家长确认，不能把幼儿交给陌生人。
	3．不让未成年人接送幼儿。
	4．接待家长时要兼顾未离园幼儿活动，及时介入指导。
	5．提醒幼儿有礼貌地向教师和小朋友告别。
	6．对有特殊需要的幼儿，如服药等异常情况，及时与家长反馈幼儿当日情况。

四、离园工作范例

某幼儿园离园工作范例

1. 离园活动组织：作为一日生活不可或缺的部分，教师要有计划地组织好每天的离园活动，可选择一些受空间、时间、材料、人数等因素限制较小的游戏，这样教师容易组织，幼儿也乐意参与。

2. 离园前物品整理：帮助幼儿将玩具、衣物以及需要分发的书籍或物品提前放置好，指导幼儿收拾好相关物品，必要时对家长进行书面温馨提示。

3. 离园前仪表整理：提醒幼儿检查自己的衣物，并帮助每个幼儿整理仪表，让幼儿衣着干净、整齐。

4. 离园中家长沟通：离园活动是家园联系的重要枢纽，教师要利用这个环节，针对不同年龄段的幼儿，就家长所关心的问题，以简单明了的形式告知家长，让家长清楚地了解幼儿在园全天的情况，加强家园合作。

第三章　未来幼儿园早操活动工作标准

一、概述

早操是幼儿进入幼儿园后每天都会定时开展的一项体育活动，一般是早上 7 点半至 8 点半在户外进行，以基本体操为主要内容的一种组织形式，一般包括做操，排队和变换队形，律动活动，走、跑、跳交替等活动内容，作为全园最为集中的体育锻炼时间是幼儿园作息制度中不可缺少的一部分。

幼儿在每天适宜的徒手操、模仿操或轻器械操中得以锻炼，能促进幼儿良好身体形态的形成和身体的正常生长发育，促使肌肉更加发达，动作发展更协调、更灵敏。同时，早操中的各项活动能使幼儿经过一夜睡眠醒来后的神经系统从半睡眠状态很快转入清醒状态，提高有机体的工作能力、活跃幼儿情绪，精神饱满地参加到一日活动中。

在未来幼儿园中，人工智能技术可以监测幼儿的身体状态，合理规划适合幼儿的早操活动内容、早操地点和时长等方面，智能机器人可以协助教师引导幼儿进行早操活动以及早操后的整理工作。

二、幼儿早操工作流程

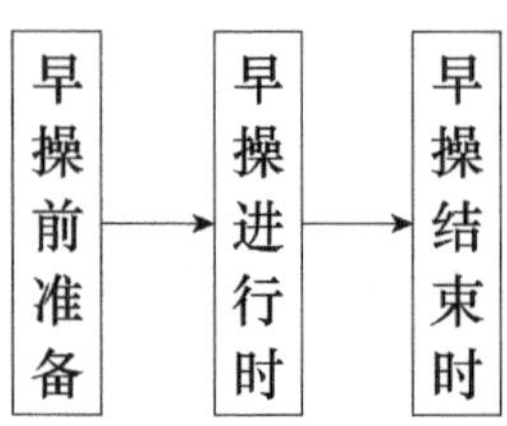

（一）早操前准备

1．早操时间准备。

全日制幼儿园应该在早饭前，或者集体教学活动前进行。我国北方冬天气温低，如果太冷也可进行课间操，即集体教学活动后全园幼儿再到户外进行早操，之后再开展各种游戏活动。

2．早操场地准备。

早操要坚持在户外进行，场地应该事先打扫干净，做到地面平坦，不起尘土，幼儿园应有足够的场地供幼儿活动，且不应当将幼儿活动场地全部改成水泥地。如遇到大风、下雨、下雪、雾霾，或者降温天气，早操可改在室内进行，但做操前室内要通风换气，将活动室的桌椅移开，腾出活动场所，以不影响幼儿动作和保证安全为原则。

3．早操操节及音乐的准备。

人工智能技术监测出本班幼儿的身体健康状态，根据本班幼儿的实际发展水平选择适宜的操节（动作），小班：以模仿操为主，每套操 4～6 节，每节四四拍或二八拍，节奏较慢，活动量较小。中班：以徒手操为主，学习简单的轻器械操，动作有一定难度；每套操 7～8 节，每节二八拍，节奏有快有慢，活动量比小班增大。大班：以徒手操为主，学习较难些的轻器械操，可适当增加一些韵律操，动作变化较多，动作难度较大，每套操 8～9 节，每节两个或 4 个八拍，节奏变化较多，快慢相间，活动量较大。

4．幼儿服装的准备工作。

做操前要检查幼儿服装是否穿得整齐，不要穿得过多过厚，以免妨碍幼儿活动。幼儿最好穿软底鞋，扣紧鞋带，提醒幼儿及时用手绢擦净鼻涕，以免活动时影响用鼻呼吸。

（二）早操进行时

1．热身活动。

早操的热身活动，如走、跑和简单的小游戏等形式的全身运动，可使幼儿在早操活动中处于最佳状态。

2．队列队形练习。

指示幼儿站队、走步、跳步，小班初期可不按大小个儿一个跟着一个站成纵队，小班末期及中大班则要求按高矮个儿站成纵队，要求幼儿站得整齐，注意力集中，整队后随音乐（或口令、鼓声等）沿场地边缘走步，要求走得有节奏、精神。也可由走步变成中速跑步。根据不同年龄班幼儿生理和心理发展的特点，小、中、大班队列队形的表现形式不一样。如小班，一个跟着一个走直线、圆圈或方形；中班，切段分队，立正、看齐、原地踏步、齐走步、纵队变圆圈等；大班，左右分队、并队走，原地向左右转，四路变二路，二路变四路，十字方阵逆时针走等。

3．操节。

操节是早操的基本部分，是实现幼儿运动能力与体能发展的形式，是对幼儿开始一日活动的身体机能的唤醒。教师要做好带操工作，带操人要符合下列要求：首先，带操人站的位置应该是全体幼儿都能看到的地方。其次，带操人要起示范作用，所以动作必须正确，有节奏，每个动作要合乎要求。再次，带操人的动作方向应与全体幼儿的动作方向相反（如“镜面”），即全体幼儿向左转体，带操人应向右转体。同时，带操人的口令要清楚、有力，有节奏，快慢、强弱要随着每个动作性质而不同。除口令外也可用音乐伴奏，但乐曲要符合一套操的动作要求，最好伴有口令。同时要注意幼儿的动作，如发现幼儿不认真做，或做得不对，要随时用语言提示。

（三）早操结束时

智能机器人引导幼儿跑步后进行便步走，边走边提醒幼儿做深呼吸，也可做些放松动作，待幼儿呼吸均匀，情绪平稳后，安静地走回活动室。

三、早操工作标准

工作流程	工作标准
早操前准备	1．早操应坚持在户外进行，如遇雨雪天气或大风天气，可让幼儿在室内或走廊上做操。
	2．应重视早操活动的安全和卫生，即应保证场地的整洁、所用器械的安全和卫生，播放的音乐音量不宜过大，冬季做操时，可根据需要让幼儿戴上帽子。
	3．检查场地是否平坦、清洁。
	4．所用的器械是否有损坏的，数目是否同幼儿人数相等。
	5．尽量选择幼儿所喜爱、熟悉、欢快、活泼、轻松的音乐。口令的快慢和音乐节拍都要符合幼儿动作的节奏，乐曲或歌曲音量不宜过大，以保护听力。
早操进行时	1．幼儿园早操活动时间一般是10～30分钟。夏季早晨凉爽，早操时间可长些，冬季寒冷时可适当缩短。
	2．在早操活动中，教师要以自己优美、轻松的镜面示范动作和语言提示等方法，组织幼儿开展活动，对幼儿不正确的姿势和动作，要及时加以提示和帮助纠正。
	3．操节进行中，最好不要中断，保持动作的连续性。
	4．内容不宜过多，运动负荷量应小一些或中等，切忌过大，以保证幼儿以饱满的精力和体力参加全天的各种教育与生活活动。
	5．幼儿早操活动内容的选择，要面向全体幼儿，使全体幼儿能在较短的时间内都学会和掌握，不要将操节内容安排得太复杂、太难或表演化。
	6．早操活动的活动量的安排，应由小到中等，再由中等到小，绝不宜过大。
	7．早操活动的内容应丰富多样，并注意定期变换。
早操结束时	1．运用AI技术准确记录出勤情况，清点幼儿人数，避免遗漏。
	2．及时提醒幼儿增减衣物、如厕、饮水。
	3．让幼儿休息10分钟左右。

四、早操活动工作范例

幼儿园中班早操活动工作范例

时间准备

幼儿入园后上午8点至8点半。

场地准备

幼儿园户外操场，共 26 名幼儿，将幼儿分成 4 个组，每组 6 名幼儿，综合本班情况合理利用场地。

早操音乐选择

选《Hello》为热身动作音乐，节奏舒缓，有利于幼儿操前准备活动。《咕噜咕噜》作为徒手操的音乐，节奏活泼欢快，有利于幼儿边唱边做。《踏步进行曲》作为队形变化的音乐，让幼儿练习走、跑、跳、蹲等基本动作。《起立、坐下》作为器械操的音乐，节奏动感，能激发幼儿的兴趣。《Say goodbye》为放松活动的音乐，音乐舒缓、轻松，使幼儿身体机能由兴奋状态逐步转入平静状态，以便顺利过渡到接下来的活动环节。

器械准备

与早操相关的器械。

早操活动过程

1. 热身运动：幼儿随音乐自由发挥做简单的随意动作。

2. 徒手操。

3. 队形变化：四合两列，左右各一分队走两个小圆，分别练习走、跑、跳、蹲等动作后回归位置。

4. 器械操。

5. 游戏活动：利用器械让幼儿做双脚朝前跳并保持平衡的游戏，培养同伴之间互相合作的精神，并提高自我安全保护意识。

早操结束

自由放松活动，幼儿随音乐做整理工作，放好器械后离开活动场地。

重点指导及观察

1. 提示部分幼儿利用一一传递的方式取器械，并整理好器械。

2. 在游戏活动中引导幼儿注意安全。

3. 在活动中观察幼儿的身体状况以及情绪。

第四章　未来幼儿园自主游戏活动工作标准

一、概述

自主游戏即幼儿在一定的游戏环境中根据自己的兴趣和需要，以快乐和满足为目的，自由选择、自主展开、自发交流的积极主动的活动过程，这一过程也是幼儿兴趣需要得到满足，天性自由表现，积极性、主动性、创造性充分发挥和人格建构的过程。自主游戏具有内容自主、材料多样、形式灵活等特点。自主游戏是由幼儿选择想要玩的游戏类型，支持玩伴自主、材料自主、玩法自主，即幼儿自己选择玩伴，可以利用幼儿园内教师准备的各种材料，或者自带玩具进行探索，自己设计游戏玩法。自主游戏的内容受到幼儿园内教学的安排、幼儿的自主意识以及教师提供的材料和引导所影响。通常年龄低段的小班幼儿会进行具体形象、趣味性浓的操作型游戏，年龄稍大的中大班幼儿会进行互动性更强的结构类游戏。

在未来幼儿园中，幼儿园教师要使自己成为智慧学习资源的创建者和推送者，以及成为智慧教学方法的设计者和使用者。那么在自主游戏活动中，幼儿园教师应该为幼儿创设发展适宜性的学习环境、场地和丰富的材料供其选择，如有需要，也进行一定的引导。除了做适时的旁观者外，也可以成为与幼儿共同游戏的合作者和引导幼儿游戏的支持者。而人工智能（例如，智能机器人等）也可以在其中发挥协助和替代幼儿园教师的部分细节性工作，让幼儿园教师可以解放时间和精力来思考怎样通过自主游戏活动培养幼儿的独立思考能力、完成任务的能力以及同伴协调与合作等方面的能力。

二、自主游戏活动工作流程

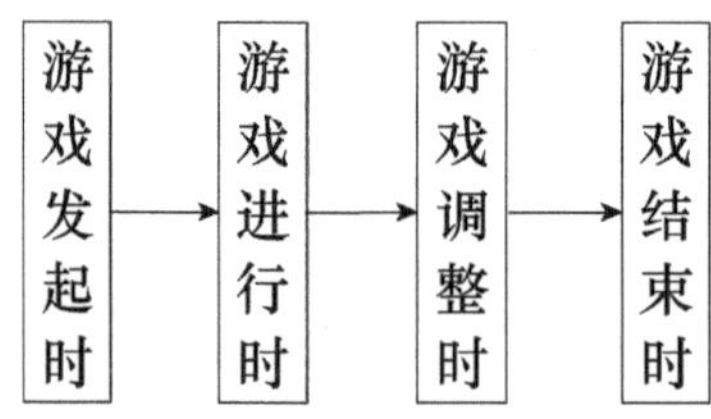

（一）游戏发起时

教师通过提供幼儿自主游戏的环境和材料，支持幼儿自己选择要玩什么，在哪里玩，和谁一起玩，激发幼儿的游戏热情，投入游戏的主体意识。

1. 创设宽松的心理环境。教师要让幼儿感受到他们有自由选择游戏的权利，使幼儿敢于选择。鼓励幼儿自由地去选择自己需要和感兴趣的游戏。

2. 提供丰富的物质环境。幼儿的游戏是在一定的场合、时间和运用一定的材料中进行。因此，智能机器人可以协助教师为幼儿创设并提供可以选择的物质条件，让幼儿有自主的游戏时间和空间，有自主选择的材料。

3. 给予个别的教育支持。幼儿在选择游戏时的表现是不同的，有的幼儿能很快找到游戏材料、伙伴，友好协商进入游戏，而有的幼儿则不行；有的幼儿为了游戏材料发生争执，游戏中会产生困难和矛盾。这些都需要教师进行指导和帮助，使游戏得以顺利开展。

（二）游戏进行时

幼儿进行自主游戏是他们充分表现、自由交往、协作创新的愉快过程，能使幼儿的兴趣需要得到满足，情绪情感得以激发，自我价值得以体现，社会交往技能得以培养，身心得以和谐发展。教师要善于为幼儿开展自主游戏提供必要的帮助指导，以推进游戏进程，但要避免为了提高幼儿的游戏质量或者为了发挥游戏的教育作用而去教幼儿游戏或者过度地干预幼儿游戏。

1. 服从分配，参与游戏。教师作为参与游戏的一员，服从游戏组织者的角色分配和任务安排。但同时也不能忘了自己的角色定位、参与游戏的目的，不能盲目跟从游戏，要把握好时机和分寸，以不干扰幼儿游戏为前提，以幼儿游戏的快乐为根本，帮助幼儿获得一定的知识或技能，从而更好地开展游戏，促进幼儿的全面发展。

2. 解决游戏中出现的特殊问题。游戏过程中会发生特殊事件影响幼儿游戏的正常进行，这时教师必须以老师的身份进行干预。智能机器人可以协助教师保证幼儿在自主游戏活动中的安全。

（三）游戏调整时

自主游戏是不稳定的，会出现阻碍或发现新的游戏内容，教师要营造良好的游戏气氛，让幼儿积极地表达自己的情感，共同解决难题，进一步为幼儿提供表现和交往学习的机会。

当游戏遇到阻碍时，鼓励幼儿大胆提出自己的看法，创造友好商讨的气氛，尽量避免同伴间的相互埋怨和不和。

（四）游戏结束时

1. 智能机器人协助教师引导幼儿参与整理物品，把游戏的材料分类摆好，有利于幼儿养成良好的行为习惯。

2. 教师引导幼儿对自主游戏进行总结和评议，帮助幼儿整理游戏中零散的经验，修正错误的经验并找出存在的问题，分享成功的经验，为下一次游戏的开展做好材料、经验等方面的准备。

三、自主游戏活动工作标准

工作流程	工作标准
游戏发起时	1．强调游戏的自主性。
	2．尊重幼儿的主体性。
	3．足够的游戏时间，每天保证 1 小时以上。
	4．安全而多样的游戏空间，如教室、走廊、室外活动场地等。
	5．游戏材料具有丰富性。
	6．游戏材料具有层次性。
	7．游戏材料具有趣味性。
游戏进行时	1．仔细观察。
	2．充分支持。
	3．积极参与。
	4．耐心倾听。
游戏调整时	1．鼓励幼儿大胆提出自己的看法。
	2．营造良好的游戏气氛，避免相互埋怨。
	3．引导幼儿通过思考解决问题。
游戏结束时	1．游戏场地清理整洁。
	2．游戏材料摆放整齐。
	3．总结和评议及时。
	4．总结和评议简单、明了。
	5．总结和评议具有指导意义。

四、自主游戏活动工作范例

小班幼儿自主游戏案例——爱心医院

案例背景

自主游戏活动是幼儿在参与体验的同时，发挥自主性，培养其多种能力发展的一种颇受孩子喜欢的活动。这次游戏活动来源于孩子，天气变凉后，小班孩子经常感冒、咳嗽，有的甚至多次进医院。于是，“爱心小医院”就在满足孩子的当前需要中营业了。在这次游戏活动中，为了达成在游戏中初步会分工，坚守岗位这一目标，我给孩子提供的是一些基本的游戏材料，如医生的白大褂、盐水瓶、药丸、药方等。在游戏开始的时候，我让孩子们自己选择喜欢的角色，他们在整个游戏活动中一直处于积极的状态，小医生忙得不亦乐乎，一会儿看病，一会儿打针等；病人也忙碌着，一会儿这不舒服，一会儿那又不行了。孩子们从始至终对此游戏都非常感兴趣，并乐于其中。

案例实录

瑶瑶和佳佳正在玩“小医生”的游戏，瑶瑶穿着白大褂，脖子上挂着听诊器，手里拿着装有针筒、温度计的医药箱。这时，只见佳佳抱着一个玩偶娃娃来到“小医院”，她指着娃娃对瑶瑶说：“她肚子疼。”瑶瑶看了看佳佳，用手指着娃娃的肚子问：“是这里吗？”佳佳点了点头。只见瑶瑶随手从医药箱里拿过针筒对着娃娃的肚子就打了下去，这时佳佳说：“不是打这里的，要打手上。”

像瑶瑶这样的游戏行为是不符合我们现实生活中的情境，但从孩子的心理分析，他们认为身体什么地方不舒服，就在什么地方“施药”，把“药方”往不舒服的地方贴。当我看到这儿时，并没有急于纠正幼儿的行为，而是在孩子游戏结束后讲评时，把这样的游戏场景边用语言描述边表演了一遍，然后问孩子：“你们去医院看病，医生是不是看你哪儿不舒服就在哪里打针呢？”孩子们纷纷摇头说：“不是的。”“那应该怎么做呢？”有的说：“医生是在屁股上给我打针的。”有的说：“医生是在我的手上打针的，还要吃药。”在这样的讨论中，引导幼儿对自己已有生活经验的回顾，把各自零散的看病、打针、吃药的体验与同伴分享。同时，在原有的经验上，我作为“病人”问小医生们：“我怕疼，哪里打针不疼啊？”这又引起了幼儿的一番讨论，有的幼儿还很努力地安慰我：“老师，打针一点都不疼的，我打针很勇敢的。”于是，在分享的过程中，通过个别孩子已有的游戏行为，我把有益的经验串成一条线，使他们逐步形成一系列完整的经验，为下次游戏的开展提供新的积淀。

行为分析

幼儿游戏是对现实社会生活的反映，他们自己并不知道筛选，对于游戏中一些不明白的事情，或幼儿模仿了一些不良现象，作为老师应该引导幼儿来加以讨论和澄清，帮助他们形成正确的观念。这需要老师建立在充分观察的基础之上，当发现游戏情节总是处于停滞状态或者出现困惑时，教师以角色身份参与到幼儿的游戏中去，如之前在讲评中问到的“我怕疼，哪里打针不疼啊？”等语言，不仅会使游戏的情景得以丰富，而且还会使幼儿感到亲切和平等。但在运用时要注意把握幼儿已有的经验，切忌超出幼儿经验的范围，露出“导演”的痕迹。同时，作为老师可以用鼓励式的表扬促进幼儿良好行为习惯及规则意识的形成，而对于幼儿在游戏中的某些不良行为习惯及违规行为，老师不一定直接指出来，而是用一种激励式的正面语言，把希望幼儿出现的行为要求提出来，让他们知道该怎么做。

教育反思

从这次的实践中，我发现教师的细心观察和适时介入显得非常重要，特别是教师在游戏活动中的角色和作用。教师是游戏环境的创设者，满足幼儿游戏需要，体现选择的自由度，创设一种可选的环境。教师是游戏开展的支持者，教师介入游戏的时机和出发点源于幼儿在游戏时的内在需要，而不是教师的教育意图。教师是游戏过程的观察者，游戏提供了教师了解幼儿的窗口，通过观察教师得到的信息能够成为教师预设教育活动的依据，也是评价幼儿发展水平的依据。

第五章　未来幼儿园集中教育活动工作标准

一、概述

幼儿园教学的组织形式主要有集中教育活动、分组活动、区角活动、个别活动。其中，集中教育活动是幼儿园教学活动的最基本组织形式，也是主要的组织形式。集中教育活动，一般是由教师按照一定的教育活动目标，依据一定原则，选择教育活动内容，设计教育活动过程，面向全班幼儿实施教育的活动。其具有群体性、集中性等特点。集中教育活动形式有利于培养孩子的规则意识、合作意识和自信心等非智力因素，有利于幼儿相互学习。在集中教育活动中，幼儿可以互相观摩、启发、切磋；幼儿与教师、幼儿与幼儿之间进行多向交流，从而增加信息来源。通过整合经验，引起新的认知冲突，体验共同探索，表达欢乐情感。

在未来幼儿园中，幼儿园教师要使自己成为智慧教学方法的设计者和使用者，引导幼儿从被动学习转为主动学习，从比较整齐划一的集体教学转为根据幼儿自身兴趣和实际情况定制的个性化项目学习。在人工智能和互联网时代，幼儿园教师可以通过校园智慧系统里的大数据，分析出本班幼儿实际的发展情况，以此为依据确定教学目标、内容、方式以及活动准备和过程。在活动过程中，可以通过智慧系统实时发现、追踪幼儿的状态，帮助教师判断和调整活动的方式和进度。活动结束后，智慧系统及时反馈幼儿对本次活动的参与度、接受度以及幼儿的情绪状态，帮助教师总结反思和对个别幼儿进行后续的指导。

二、集中教育活动工作流程

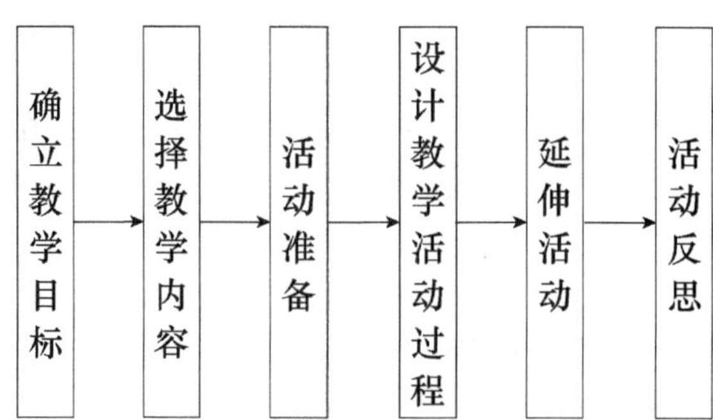

（一）确立教学目标

1．根据《纲要》和《3～6岁儿童学习与发展指南》（以下简称《指南》）确立目标。

2．根据校园智慧系统中的大数据记录和分析，向幼儿园教师提供本班幼儿的实际发展情况，教师以此为依据制订教学目标，目标既要考虑幼儿的已有经验，又要有一定的挑战性。

3．目标要自然地渗透和涵盖知识与技能、习惯与能力、情感态度和价值观等方面。

4．在目标的表达上，应该以幼儿的角度出发，使用“知道”“了解”“体验”“感受”“喜欢”“探索”等词汇。

（二）选择教学内容

1．根据教学目标选择合适的教学内容。

2．教学内容应该符合幼儿的年龄特点，能够被本班幼儿接受。

3．教学内容应该考虑幼儿的兴趣需要，通过校园智慧系统对本班幼儿的追踪记录情况，选择幼儿感兴趣的内容。

4．教学内容应该给予幼儿正确的信息，可从校园智慧系统中搜索与主题相关的内容，突出其科学性。

（三）活动准备

1．幼儿知识经验的准备。

2．校园智慧系统协助教师进行教具与教学设备的准备。

3．通过校园智慧系统进行家园配合的准备。

4．幼儿的心理准备。

（四）设计教学活动过程

1．教学活动过程围绕目标进行，重难点突出。根据教学目标进行的活动过程具有规划性和目的性。

2．活动导入形式丰富，集中幼儿注意力。导入的形式有情景导入、故事导入、谈话导入、游戏导入、动画/音乐导入、提问导入、图片导入等。教师的导入要确保达到吸引幼儿的注意力或者引起幼儿共鸣的效果，可以使用智能设备（例如智能机器人）等协助教师进行导入。

3．教学方法灵活多样，注重体验。根据幼儿学习的特点，运用多种手段，创设环境、提供材料，让幼儿亲身参与，亲自体验，如形象生动的手偶、色彩鲜艳的教具、多媒体课件、人工智能以及互联网技术等手段。

4．设计恰当的问题，注意有效提问。教师通过设计一系列具有启发性的提问，帮助幼儿思考和探究，并获得所预期的学习经验。第一，教师要考虑问题与活动主题的联系性，提问应具体清晰，直截了当进入主题。第二，教师要考虑问题的适宜性，即幼儿是否能够回答这些回答，是否适合回答这些问题。第三，设计的问题要注重开放性和挑战性，教师提问的问题能否引发幼儿的思考，能否激发幼儿的探索行为，这直接关系到能否顺利地进一步推进或延伸教学活动。第四，设计的问题要有层次性。幼儿具有个体差异性，难度较大、较灵活的问题适合发展较好的幼儿回答，基础性、综合性的问题适合发展一般的幼儿回答，比较简单的问题适合发展较缓慢的幼儿回答，这样可以帮助幼儿建立自信，提高学习兴趣。第五，在整个活动的进程中，教师还要留给幼儿提问的时间和机会。在活动中不应该只有“教师问，幼儿答”，也可以采用“幼儿问，教师答”或者“幼儿问，幼儿答”等方式，这样不仅可以培养幼儿的问题意识，也可训练幼儿的思维方式，调动幼儿学习的积极性和主动性。

5．师幼互动良好，进行有效回应。首先，教师对来自幼儿的信息要做出价值判断。教师要有敏锐的观察力和判断力，及时捕捉和分析来自幼儿的信息。其次，教师要了解幼儿，尊重幼儿。教师要真正静下心来了解幼儿的所思、所想、所做、所为，尊重幼儿的想法和行为。只有充分了解幼儿，掌握幼儿年龄特点、发展规律和最近发展区，才能发现幼儿的需要，及时满足幼儿的需要，从而做出有效的回应。最后，要运用多种回应的策略。教师应该选择有效合理的策略来回应幼儿，例如表扬、设疑、追问、参与等。

6．把握组织和实施活动的时间。活动时间应该遵循幼儿注意水平的发展特点，具体的时间应该根据各年龄段有所不同。小班幼儿的集中教育活动时间一般为15～20分钟，中班幼儿活动时间一般为20～25分钟，大班幼儿活动时间一般为25～30分钟。

（五）延伸活动

1．根据本次活动的难易程度，引导幼儿延伸到其他领域和幼儿的生活中。

2．在领悟的基础上再次运用知识，鼓励幼儿发挥自己的潜力，促进各方面发展。

（六）活动反思

1．对此活动的教育效果，做简单的总结。

2．课后可以与不同认知水平的幼儿聊天，针对本次教育活动做简单的提问或者探讨。

3．撰写活动反思，总结本次活动的得失，以及提升策略，促进下一次活动更有效开展。

三、集中教育活动工作标准

工作流程	工作标准
确立教学目标	1．教育目标要符合《纲要》和《指南》要求。
	2．教育目标具有全面性，渗透和涵盖知识与技能、习惯与能力、情感态度和价值观等维度。
	3．教育目标具有适切性，符合幼儿的年龄特点和班级实际情况。
	4．教育目标具有操作性，表述具体、明确、清晰。
选择教学内容	1．教学内容具有科学性和教育性。
	2．教学内容要符合幼儿的年龄特点和已有经验。
	3．教学内容要符合幼儿的兴趣和需要。

续表

工作流程	工作标准
活动准备	1．活动准备的内容完整、科学。
	2．活动准备的物质材料丰富，能支撑本次活动展开。
	3．活动的经验准备符合本班幼儿的实际水平。
设计教学活动过程	1．活动设计有针对性和层次性、趣味性和挑战性。
	2．能精心设计提问，引发幼儿主动思考。
	3．师生关系平等融洽，注重形成双向互动、互相启发、互相推动、共同进步的学习共同体。
	4．教育机制灵活高效，能根据实际情况调整自己的教育策略和行为。
	5．有效利用教育资源，进行多元互动，提高教学效率。
延伸活动	1．可延伸到其他领域的活动中。
	2．可延伸到幼儿实际生活的运用中。
	3．能促进幼儿认知、情感和技能的进一步发展。
活动反思	1．及时进行活动反思。
	2．活动反思全面、深刻。
	3．活动反思对下次活动具有指导意义。

四、集中教育活动工作范例

大班谈话活动——我要上小学了

活动目标

1．积极参与谈话活动，体验语言交流的乐趣。

2．能积极地倾听，并能主动大胆地在他人面前说话，围绕话题清楚地表达自己的观点。

3．体验成长的快乐，了解小学生生活，有向往上小学的愿望和信心。

评析：孩子在幼儿园大班毕业后进入小学学习是儿童成长过程的一个重大转折。幼儿园大班下期的孩子，内心对于小学是非常向往的，他们会羡慕戴着红领巾背着书包上学的小哥哥和小姐姐，渴望新的书包、新的铅笔盒、新的衣服，时时刻刻都流露出对小学的向往之情。同时他们还有许多关于小学生活的问题，希望得到成人的解答。在此阶段，他们经常会主动与老师及小伙伴谈论有关小学的话题。所以，此话题从幼儿的生活中来，将通过各个环节引导幼儿了解小学生活，培养上小学的愿望和信心，重点引导幼儿围绕话题清楚、完整、连贯地表达自己的观点。

活动准备

1. 物质准备：《小学生的一天》课件。

2. 经验准备：活动前和父母一起讨论“我想上小学”的话题。

3. 其他：邀请部分家长代表。

活动过程

（一）节目开场导入，激发兴趣

1. “有话大家说”节目开场白，介绍本期节目的背景。

指导语：有话大家说，越说越快乐！观众朋友们，大家好！欢迎来到“有话大家说”节目现场，我是节目主持人艳子。又是一年毕业季，又是满园桃李香，本期节目让我们把目光投向年龄最小的毕业生——大班孩子们。

2. 欢迎节目嘉宾。

指导语：大班孩子马上就要上小学了，孩子们准备好了吗？家长们准备好了吗？欢迎杏家湾幼儿园大二班的孩子和家长们！

评析：活动一开始，教师利用“有话大家说”谈话节目的形式，一下吸引了孩子的注意力，并给幼儿创设了一个宽松自由的氛围，让幼儿感觉不是在上课，而是在参加节目，体现了“谈话活动应具有宽松自由的谈话氛围”这一特征。另外，此活动还邀请了部分家长参与，使活动更有趣，幼儿更放松。

（二）围绕“幼儿园的美好回忆”谈话，体验成长的快乐

1. 回忆幼儿园生活，谈谈幼儿园的快乐趣事。

（1）指导语：幼儿园最开心、最快乐的事情是什么？

（2）提出要求：围绕话题轮流发言。

2. 幼儿与家长一起谈谈孩子上幼儿园的变化与进步，体验成长的快乐。

（1）幼儿自己谈变化与进步。

指导语：现在与以前比，你有哪些进步和变化？

（2）家长谈孩子们的变化与进步。

指导语：家长朋友们，孩子们上幼儿园后有哪些变化和进步？最让你们高兴和欣慰的是什么？

对幼儿提出要求：认真倾听。

评析：谈话活动是由一个个有关主题的小话题的交谈组成，一般由幼儿熟悉、已知的话题逐渐过渡到幼儿不熟悉的话题。此环节是正式谈话的开始，从幼儿熟悉的“幼儿园的美好回忆”谈起，孩子们有话可谈。同时教师注重对幼儿谈话核心经验的培养，如：围绕话题轮流发言，认真倾听。

（三）围绕话题“我心中的小学生活”谈话，了解小学生生活

1. 幼儿谈谈小学与幼儿园的不同，初步了解小学生活。

2. 幼儿与家长亲情对话，进一步了解小学生活。

指导语：你们还想知道哪些关于小学的事情，提出问题，请爸爸、妈妈来回答。

3. 观看视频《小学生的一天》，全面了解小学生活。

评析：幼儿对小学生活是非常向往的，但他们又不甚了解。此环节通过幼儿谈小学

生活初步了解、与家长亲情对话进一步了解、观看视频全面了解3个步骤，层层递进地推进活动的展开。

（四）拓展谈话：分组交谈“上小学了应该怎么做”，有向往上小学的愿望

1. 介绍活动，提出要求。

（1）介绍活动：分小组讨论“上小学应该怎样做”。

（2）分组：5人一组，家长两人一组参与到小组中去。

（3）提出要求：小组交谈时间为5分钟；每组孩子都要轮流发言；谈话结束后推选一个中心发言人代表本组发言。

2. 幼儿分组交谈。

3. 小组中心发言人发言。

评析：在幼儿了解小学生活的基础上，教师把谈话内容进一步拓展，让幼儿围绕“上小学了应该怎么做”，以小组的形式进行谈话。此环节谈话的形式更加多样，既有小组交谈，又有个别发言。教师让家长参与到小组谈话中，使小组谈话更能得到保障。

（五）集体宣誓，树立上小学的信心

评析：通过教师带领幼儿集体宣誓，把活动推向高潮，帮助幼儿树立上小学的信心。

（六）活动结束语

我们一起祝愿孩子们做个快乐自信的小学生。今天“有话大家说”节目到此结束，感谢大家的参与。

评析：与第一个环节前后呼应，让整个活动完整、圆满。

活动延伸

1. 组织幼儿到附近小学参观，并和小学生开展活动。

2. 继续组织有关幼小衔接的活动。

（活动设计：重庆市云阳县杏家湾幼儿园　万美　周芙蓉　点评：熊彩云）

第六章　未来幼儿园户外体育活动工作标准

一、概述

幼儿园户外体育活动是除晨间锻炼、早操和体育课以外，幼儿园在一日活动中为幼儿提供的其他的户外体育锻炼机会，一般由教师带领全班幼儿进入指定的活动场所布置活动内容和要求（包括器材名称、玩法、器材交换、活动范围、活动时间、集合信号等）；然后开展教师直接指导下的集体体育活动，或教师间接指导下的分散体育活动。幼儿园户外体育活动的内容包括利用环境和大型设施的锻炼活动（楼梯、操场、沙地、游泳池）、利用大中小型专业体育器械的锻炼活动（攀登架、攀岩墙、拳击袋、平衡木、球类、毽子、跳绳、沙袋）、利用各种替代性器械或自制器械的锻炼活动（桌子、板凳、轮胎、高跷）。

在未来幼儿园中，要给幼儿创设适合户外体育活动的自由活动空间，让幼儿充分享受阳光和新鲜空气，增强幼儿的体质，提高幼儿机体对外界环境变化的适应能力和对疾病的抵抗力，促进其生理机能协调发育。通过各种丰富的体育游戏的开展，能够提高幼儿的身体素质，增强其动作的灵敏性、协调性，提高幼儿参与体育活动的兴趣。同时，户外体育活动弥补了早操、体育课等限定性强的活动方式的不足，能培养幼儿参加体育活动的主动性、积极性和创造性。

二、户外体育活动工作流程

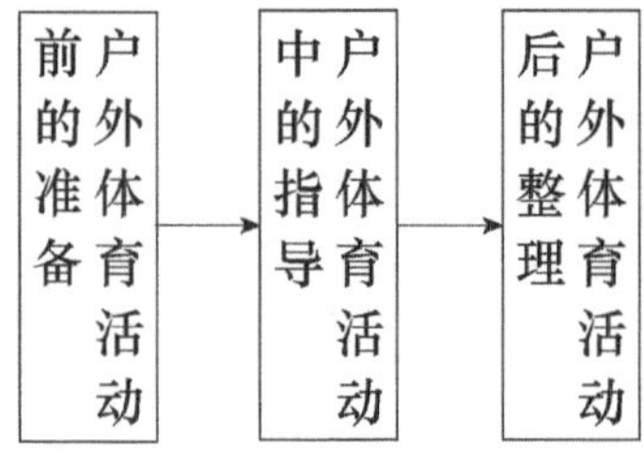

（一）户外体育活动前的准备

1．选择并检查户外体育活动场地，幼儿园户外体育活动往往采用区域式的活动方式，即将户外场地划分成几个区域，如投掷区、跳跃区、球类活动区、钻爬区、各类大中型运动器械活动区等，并在这些区域中投放相应的器械、材料，幼儿在活动中可以自由选择区域、材料、玩法和玩伴，并在各个区域间自由流动。

2．提前对相关的器械进行检查，重点要看螺丝是否松动、部件是否损坏，有无会擦伤幼儿皮肤的掉漆，有无会戳痛孩子的尖角。同时，如果有条件，应在幼儿活动的器械下方或周围铺上胶垫，防止孩子摔伤，如果园所条件有限，也可以铺设一层沙土，起到缓冲的作用。

3．安排户外体育活动时间，活动时间不能过于集中，也不能太分散。若活动时间过于集中则幼儿体能承受不了；若活动时间太分散则活动开展不起来，使幼儿失去对体育活动的兴趣，同时也达不到锻炼身体的效果。户外体育活动一般有两个时间段，可安排在上午 9:30～10:30；下午午睡起床后、离园前。

4．准备相应的玩具、器械及材料，保证活动顺利开展。

5．组织幼儿如厕，整理衣服，更换鞋子，及时排查各种安全隐患，做好户外活动准备。幼儿衣物的检查内容包括 3 项：一是检查幼儿的衣着，不要让孩子穿过大、过长的衣服，也不要穿带绳子的衣服，如没有办法更换，要把绳子去掉，或绕好打结，不能让绳子长长地垂着；二是检查孩子的鞋子，最好穿运动鞋，且鞋子不要太大，鞋带要系好；三是检查孩子的口袋，看其是否携带了有安全隐患的物品，如小刀、玻璃等，以保证幼儿的人身安全。

6．应将原定计划进行可行性和有效性评估。如遇器材缺乏、场地维修等特殊情况时，应及时变更、重新安排活动计划。

（二）户外体育活动中的指导

1．做好热身运动，应尽量按照由慢到快、由上到下、由整体到局部、由弱到强的顺序设计，这样更有利于幼儿做好运动的准备，避免在运动中扭伤。针对幼儿的生理特点和心理特点，应该将趣味性与安全性融入热身运动中。

2．在户外活动中，教师通过不同的方式让幼儿了解各种游戏及体育器械的玩法并遵守不同游戏的规则，让幼儿了解活动中必须遵守的规则以及违反规则的后果，对保护幼儿自己和同伴的游戏安全极为重要。

3．形式选择方面，幼儿园户外体育活动一般采取混班或混龄的形式。

4．活动中要注意观察和了解每个幼儿的具体情况，灵活并有针对性地加以指导。

5．留心观察个别幼儿的发展情况，及时分析，为个案记录、家访记录、目标的制订提供有利素材。比如，一个跳跃能力较差的幼儿在爬行时却动作协调且速度很快，教师应看在眼里、记在心上，对幼儿进行鼓励和表扬，使幼儿体验成功的喜悦并产生自信，激励其积极主动地参与各项活动，同时为与家长沟通提供典型素材，促进家园共育。

6．可为每班幼儿准备擦汗用的毛巾和脱放衣服的盛具，教师要提醒和帮助幼儿及时增减衣服和擦汗。

（三）户外体育活动后的整理

1．指导幼儿整理玩具、器械等材料，带领幼儿做身体放松活动。

2．组织幼儿有序回到活动室。

三、户外体育活动工作标准

工作流程	工作标准
户外体育活动前的准备	1. 要经常清扫和检查户外体育活动的场地，使场地保持干净，没有碎玻璃等危险物品。
	2. 要定期检查运动器械，达到使用方便、牢固、安全的要求。
	3. 为幼儿提供足够的活动器械和活动内容，提供充分的自由活动机会和条件，尽量避免幼儿因为材料短缺发生争抢等现象。
	4. 衣着便于运动，以饱满的情绪带动幼儿参加户外体育活动的积极性。
户外体育活动中的指导	1. 保证每天户外活动时间不少于 2 小时，符合《指南》的规定。
	2. 户外体育活动的全过程也应遵循人体生理机能变化规律，使活动量由小到大、由大到小逐步变化。
	3. 保证户外体育活动的安全和卫生，高度注意安全隐患，随时进行监督检查和安全教育。
	4. 活动中要观察幼儿在活动中的动作及行为（面色、呼吸、出汗、动作的协调性等），准确判断运动量的大小，及时调整活动进程，还要观察幼儿活动的安全性，及时避免事故的发生。
	5. 对个别幼儿的观察记录客观、公正、全面。
	6. 口令、示范动作准确、熟练，随时注意用语言、动作指导幼儿。
	7. 防止幼儿骨折、挫伤、擦伤、扭伤等，确保幼儿安全。
	8. 不同季节、不同气候的热身运动时间应该是不一致的，应注意适时、适量。一般情况下，幼儿热身运动时间为大班 5～6 分钟、中班 4～5 分钟、小班 3～4 分钟。
	9. 不能让自己的视线离开幼儿，或只注意部分幼儿。要特别加强对自控能力较差、容易出危险的幼儿，以及活动能力弱、需要帮助的幼儿的观察与指导。
户外体育活动后的整理	1. 智能机器人准确核对幼儿人数。
	2. 确保幼儿情绪平稳。
	3. 及时提醒幼儿增添衣物、饮水、如厕。

四、户外体育活动工作范例

板凳嗨翻天（大班）[①]

活动目标

1. 自由探索：感知体验“板凳”的多样玩法。

2. 多种游戏：提高平衡协调及综合运动能力。

3. 同伴合作：体验游戏的快乐，发展勇敢顽强的个性。

活动准备

板凳20个，垫子、小球若干，音乐《板凳操》。

活动过程

一、热身运动

目标：活动全身肌肉及关节，预防运动中受伤，感受在音乐伴随下与板凳一起运动的乐趣。

内容：整队集合，老师带领幼儿做板凳律动操。

教师：“今天我们要和板凳一起做游戏，让我们一起和板凳动起来。”播放音乐《板凳操》。

二、游戏

（一）自由探索

教师：“小朋友们，你们觉得板凳可以怎么玩？用你们的板凳，在原地试一试。”

幼儿自由探索玩板凳。

教师观察幼儿探索，并请幼儿分享板凳的玩法。

小结：孩子们的玩法很有创意，原来一样东西也可以有很多种玩法。

（二）小组游戏（闯三关）

游戏目标：通过3个关卡的闯关，就能成功到达魔幻岛去夺宝。

游戏内容：

1. 道路曲折（折形跑）：板凳之间有一定距离（放在两条线交接的地方），每组孩子绕板凳蛇形跑。

教师：“让我们一起来穿越第一关——曲折的道路。”

教师示范。听到哨声后出发。一定不要碰到板凳，否则会被沉睡的树精抓住，不能前行。（教师说明游戏规则及要求）

小结：孩子们，祝贺你们顺利闯过第一关。

2. 荆棘丛生（爬行）：板凳排成一排，幼儿用四肢在地上前进，身体不挨着荆棘（板凳）。

教师：“现在来到第二关，一路上有带刺的荆棘，你们只能用双手支撑在地上，不能碰到荆棘，碰到就不能通过这一关。”（教师说明游戏规则）

---

① 汪娟，邱华翔，2019. 幼儿健康教育与活动指导［M］. 北京：首都师范大学出版社：237-240.

3．独木桥（平衡）：板凳搭成一排，孩子们从板凳上通过，不要掉到河流里面。

小结：恭喜你们顺利闯关。

（三）集体游戏

游戏目标：通过游戏，培养同伴间合作的能力，培养幼儿勇敢顽强的个性。

教师："现在你们浑身充满了力气，通过了三关，现在需要大家齐心协力渡过两个难关才能到魔幻岛夺宝，有信心吗？"

1．小组合作过拱桥。幼儿分成两组，5 个小朋友双手支撑于垫子上，双脚搭在板凳上，另外 5 个小朋友从身体搭成的拱桥下通过。

2．小组合作传凳子。幼儿分成两组，每个幼儿带一张板凳排成一排。最后一个幼儿端着板凳到达最前面后举手，下一个幼儿再端着板凳跑到最前面。看哪组小朋友先到达魔幻岛夺取星钻。

三、放松运动

1．放松游戏：碰碰球。

我们一起来放松一下："原地踏步，原地跑步。现在我们可以选择站到板凳上，让我们来听口令和口哨节奏踏步、跑步。接下来让我们来玩碰碰球吧。"

（1）幼儿转身背对着教师，站在板凳上，教师用球一一触碰幼儿背部。

（2）幼儿两两碰球，或用球触碰身体，放松。

2．集合幼儿，教师小结。

今天大家表现得非常棒，得到了你想要的宝藏——那就是克服困难的勇气和团队合作的精神。今天我们班的小朋友们都非常勇敢，闯过了关卡，夺取了宝藏，下次我们再一起去探险吧。

活动结束。

第七章　未来幼儿园物质环境创设工作标准

生态、科学的环境创设，是未来幼儿园空间环境布置的基本特征和发展趋向。活动区是幼儿园采用的一种活动形式，以其组织形式的灵活和活动内容的丰富为幼儿提供了自主学习的环境，有力地推动了幼儿园教育朝着更加多样化、个性化的方向发展。幼儿在活动区中可以自主操作、独立思考、合作分享，在这个过程中获得动作技能、语言表达能力、社交能力、自我意识与社会经验等多方面的发展，对幼儿一生的学习和成长有着十分重要的意义。因此，出于未来幼儿园个性化发展要求和对幼儿发展主体性的现实考量，活动区依然有着其不可替代的优势。

幼儿园活动区一般来说应该从两个大的空间进行设置，即幼儿园公共活动区和班级活动室的功能区角。班级室内活动区角主要由教师自主对班级空间按照功能进行划分，因为条件不同在设置的类型上有所差异，但基本都包含了建构区、角色区、科学区、美工区、益智区、阅读区等几大常见区域。活动区意味着选择的可能性，意味着教师需要为幼儿创设支持性的区域环境和投放适宜的游戏材料，引导幼儿根据自己的兴趣和需要来决定自己做什么和怎么做。幼儿在与区域环境相互作用的过程中主动探索和学习，建构新的经验。

创设未来幼儿园活动区对幼儿园教师的基本要求在于：一是要注重环境的生成性理念，通过发现孩子的兴趣和需求不断生成适应性的环境。二是要具备较强的自主性，环境创设根据孩子的实际需求，为孩子提供丰富、开放、多样化和层次性的材料和教具，让孩子自主、自发地进行多样化的室内活动。三是重视环境的流动性。传统的幼儿园区域活动中，即使幼儿对自己原来选择的区域活动不感兴趣了，也经常被要求继续坚守在自己选择的区域中，从根本上断绝了不同区域之间的流动与交流；未来幼儿园区域的创设，则强调“区域”之间是一种“边缘”状态，拆除区域之间的围墙，容纳区域之间的自由流动和交流。四是强调环境的整合性，局部环境的创设应该结合整体的活动内容和课程方案，同时要整合各种信息技术、人工智能等资源为环境创设所用，整体促进幼儿各方面能力的发展。

第一节　角色区活动指导与环境创设工作标准

一、概述

角色区是幼儿开展角色游戏的主要场所。角色游戏就是幼儿按照自己的意愿扮演角色，运用语言、动作、表情、想象等创造性地再现社会生活的一种游戏，是幼儿时期最典型、最具特色的游戏形式。大量研究已经发现，以“想象”为主要特征的角色游戏对于幼儿身心各方面的发展都具有积极的意义。首先，角色游戏为幼儿提供了充分的同伴互动的机会，在与同伴互动的过程中，幼儿认识到他人会有与自己不同的看法和态度，能够学会协调不同的观点，解决人际间的问题与冲突，改善同伴关系等。同时，在角色游戏中，幼儿通过象征性的角色扮演体会这些角色的态度、行为特点从而使自己对于这些角色有了进一步的认识。通过这些象征性的角色扮演，幼儿可以建构自己对周围社会生活的理解。其次，通过角色游戏可以促进幼儿的认知发展，提高幼儿的问题解决能力，改善幼儿的问题行为。最后，幼儿在角色游戏中，通过对情景、物品和动作的想象与假装以及对角色的模仿来推动情节的开展，从而将角色扮演与“故事”或“脚本”的“编写”联系在一起，促进幼儿从动作中分化出“意义”到超越自己的动作和经验进行“假装”和对“符号”的操作的转变。

未来幼儿园角色区的创设，应该充分尊重幼儿和关注幼儿的实际生活，整合现实生活中的教育资源，为幼儿角色游戏的丰富和创新提供条件。比如，关注幼儿的情绪健康，教师可以在角色游戏区创设娃娃家，让幼儿扮演家庭角色，再现家庭及周围生活中人物的动作、语言，体验周围其他人的情感与态度，从而缓解幼儿的心理焦虑情绪，并使其逐步适应集体生活。后期教师可根据幼儿开展角色游戏的情况，逐步充实游戏的主题和内容，帮助幼儿更好地游戏，从而提高幼儿各方面的能力。再如，考虑到未来社会职业和角色的多样化发展态势，以及新的社会分工带来的职业及其劳动场景的转变，在角色区里可以创设一些与新兴职业体验相关的空间，比如虚拟商店、机器人开发等。让幼儿通过各种“工作”体验不同的职业生活，在参与中学习社会知识和社会规则，为他们适应以后的成人社会、遵守社会规则、理解人与人之间的关系和习得合理的行为方式提供一个重要的途径。

二、角色区工作流程

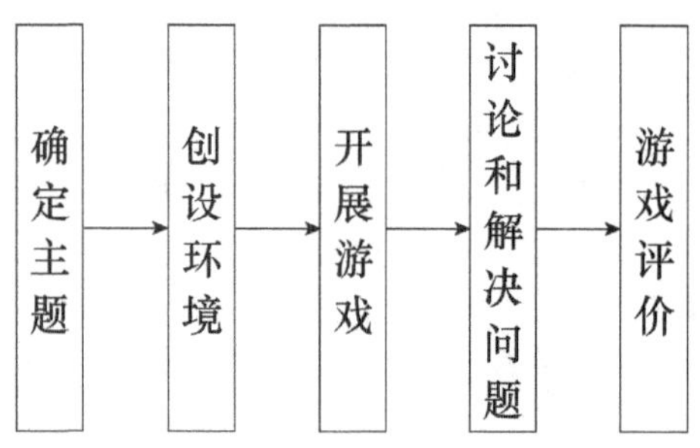

幼儿角色游戏活动的发展应当是一个以幼儿的“问题”为中心，在教师与幼儿、幼儿与材料、幼儿与幼儿之间的互动过程中不断丰富和发展的动态过程。这种形成性的、动态的游戏活动发展过程，不是来源于教师单方面的贡献，而是来自师幼双方的相互作用和共同的贡献。幼儿与教师共同控制整个发展过程：从主题的确立、材料的提供、环境的创设、游戏的开展到评价都是教师在充分尊重和发挥幼儿游戏的主体性的基础上与幼儿共同完成的。

这一不断发展的动态过程从教师的指导方面来看，可以分为以下 5 个方面：①帮助幼儿确定游戏的主题；②和幼儿一起创设游戏环境；③帮助幼儿扮演角色进入游戏活动过程；④组织幼儿开展讨论、发现问题、丰富扩展游戏所需要的经验；⑤组织幼儿开展游戏讲评。前面 4 个步骤在游戏的发展过程中是可以不断重复循环的。

在角色游戏发展的不同阶段，教师所扮演的角色在侧重点上应有所不同。在角色游戏的开始阶段，教师更多的是幼儿创设环境所需材料的提供者。在角色游戏的进行过程中，教师更多的是幼儿游戏的观察者和扶持者。教师认真、细致地观察幼儿的游戏，了解“想象的角色扮演”“想象的以物代物”“有关动作与情景的想象”“角色扮演的坚持性”“社会性交往”“言语交流”等角色游戏的几大重要因素是否存在于幼儿的游戏活动之中，并采取适当的干预策略来鼓励和扶持幼儿的游戏。同时，发现幼儿开展角色游戏的困难和问题，考虑为需要进一步帮助的幼儿补充和丰富哪些经验。在游戏活动结束阶段，教师更多的是讨论的组织者和发问者。通过组织讨论和提问来引导幼儿反思、总结自己的游戏活动，发现需要改进的地方，或提出新的游戏主题或内容。

三、角色区工作标准

（一）确定主题

1．鼓励并引导幼儿自主确定游戏主题，不要硬性规定。

2．引导幼儿自主选择游戏角色，不要强行给幼儿分配或指定角色。

3．主题应该反映幼儿的“成长”，游戏的主题和内容应该随着幼儿的成长而丰富。

4．主题的选择应该来源于幼儿对周围环境、事物的所见所闻，以幼儿具备充足的经验为前提。

5．适当组织一些活动，让幼儿多接触社会环境中的新鲜事物，引导幼儿结合自己的观察和思考选择、创新游戏主题。

6．主题可来自节日和当地的风俗等。

7．选择符合年龄段特点的主题，例如小班可以选择娃娃家等主题，中班可以选择小医院、茶馆等主题，大班可以选择餐厅、超市等含有多种复杂角色的主题。

（二）创设环境

1．环境布置。

（1）为幼儿提供充足的活动空间，满足多个幼儿同时活动、操作的需要。

（2）环境主题丰富多元，能够满足幼儿的多样化、个性化需求。

（3）为幼儿创设一个符合幼儿生活经验的、真实度较强的活动环境，幼儿对环境中的情境、材料等均有一定的生活经验。

（4）环境布置应情境化，突出主题，给幼儿角色扮演起引导和提示的作用。

（5）环境设计需根据主题的深入或活动的变动而不断更新调整。

（6）与幼儿共同商讨、决定区域环境如何布置，根据幼儿的想法和需求创设环境。

（7）环境互动性强，幼儿可以随时随地与环境进行互动。

（8）墙面布置体现相应角色区的特点。例如，美发厅的墙面可以张贴不同发型的人物海报，咖啡厅的墙面可以张贴西式餐点的照片。

（9）区域内布置合理、符合实际，满足幼儿自由活动的需要。例如，小厨房的灶台应该放在区域中偏内的位置，便于幼儿走动。

（10）将性质相似的表演区、建构区等设置在角色区相邻的位置，使幼儿之间能够产生互动。

（11）地面、墙面、桌面被充分利用，环境布置、材料、设备等蕴含的教育因素充分发挥作用。

（12）角色区分区合理，有关联的区域相互靠近。例如，娃娃家和小医院可以相对靠近，便于幼儿活动和产生关联，扩大同伴交往的范围。

2. 材料投放。

（1）游戏材料充足，能够满足幼儿开展角色表演的需要。

（2）确保角色区服装、道具等的整洁卫生，定期清理和更换。

（3）材料丰富，满足角色区相应主题的需要。

（4）投放的材料注重真实性，以接近幼儿的生活为主。

（5）注意避免一次性投放过多材料，根据游戏的进展分阶段投放。

（6）合理利用其他区域作品，如开展超市主题活动时，可将美工区制作的糖果、冰淇淋等食物放进角色区，以丰富游戏的材料。

（7）所有的桌椅、玩具柜、厨台等的高度均适宜幼儿的身高。

（8）低结构化材料与高结构化材料相结合，但比例和分配适宜，发挥幼儿创造力的同时，可以满足幼儿在活动开展中的多种需要。

（9）材料安全卫生，没有任何对幼儿身心有损害的成分，适宜幼儿使用。

（10）投放结构化程度较低的材料，如泡沫、塑料、海绵块、彩带、小木棍等，鼓励幼儿寻找自己需要的材料，大胆想象、创造。

（11）在投放材料时，应考虑材料与活动目标的关系，做到有的放矢，加强材料投放的针对性、目的性和科学性，并依据对幼儿活动的观察，进行定期更换与补充。

（三）开展游戏

1. 教师、幼儿根据游戏开展的需要，共同协商制订规则，按照规则有秩序地开展游戏。

2. 游戏进展到一定阶段，适时鼓励幼儿对游戏中的情节、环境角色等进行合理的调整或创编。

3. 在游戏过程中，肯定幼儿的创造性表现，允许幼儿创造新的情节、角色等。

4. 肯定幼儿的自发游戏，即使游戏内容与角色区的游戏主题不完全吻合。

5. 建立区域规则，引导幼儿有序进行角色游戏。

6. 游戏时，教师通过“玩伴”身份介入或增减材料等方式，适时介入指导，提高幼儿的游戏水平。

7. 幼儿可根据活动发展需要，结合现实生活中发生的事情，将区域扩充到其他区域范围。例如，其他区域发生“火灾”，消防员可出动到其他区域协助灭火等。我们将此类区域也称为“可移动区”。

8. 幼儿在进行角色游戏时，常常会伴随着课程的生成；教师应灵活改变活动的安排，满足孩子游戏发展的需要。

9. 当教师发现幼儿的角色游戏单调乏味或幼儿不能投入角色游戏时，不妨加入到他们的行列，从中给予帮助、示范和指导。

（四）讨论和解决问题

1．引导幼儿学会与同伴协商，共同设计游戏情节、解决合作中的问题。

2．鼓励同伴间运用语言、肢体、文字、图画等多种方式进行互动、谈论、交流，解决游戏中遇到的问题。

3．引导幼儿讨论游戏中的任务安排，进行角色的合理分配，和同伴分工合作。

4．关注幼儿在活动过程中表现出的生活经验、思维发展水平、社会交往能力、提出问题并解决问题的能力等。

（五）游戏评价

1．教师评价。

教师在评价时，要明确评价的目的不是区分幼儿优劣或相互比较，而是帮助教师了解幼儿的学习方式、认知风格、发展阶段，促进幼儿进一步发展。

在幼儿角色游戏中，教师评价应着眼于以下几方面：

（1）社会交往能力。

① 幼儿能否自主参与游戏？

② 幼儿在游戏中的情绪是否愉快安定？

③ 幼儿能否与同伴有效合作？

④ 幼儿能否按照角色的需要控制自己的行为？

⑤ 幼儿能否与同伴共同完成工作？

（2）语言表达能力。

① 幼儿能否清楚完整地表达自己的意思？

② 幼儿能否准确理解同伴的表达？

③ 幼儿能否准确理解游戏中的指令？

④ 幼儿的语言是否符合角色和情境特点？

⑤ 幼儿的语言表达方式是否丰富？

⑥ 幼儿能否准确描述角色游戏中涉及的物品、场景等信息？

（3）问题解决能力。

① 幼儿能否独立想办法解决遇到的问题？

② 遇到困难时，幼儿是否会主动寻求同伴或老师的帮助？

③ 遇到困难时，幼儿是否会反复尝试多次，表现出一定的坚持性？

④ 当遇到材料不足的问题时，幼儿是否会主动寻找替代品？

⑤ 当遇到争抢材料的问题时，幼儿是否会通过协商的方式解决？

（4）创新意识与能力。

① 幼儿是否会创造出符合角色区情境的、新的角色？

② 幼儿是否会迁移生活经验，创新游戏中的情节？

③ 幼儿是否会改变游戏材料的玩法？

④ 幼儿是否会提出改进活动区的建议？

2．幼儿自评与互评。

幼儿自评和互评是提高幼儿自我反思的重要途径。在进行自评和他评时，要着重引导幼儿关注以下方面：

（1）引导幼儿反思自己的游戏情况，表达自己的想法。

（2）幼儿分享在游戏中遇到的问题，或自己如何解决问题的，为其他幼儿提供参考。

（3）鼓励幼儿自主发现和勇于表达自己的需求。

（4）鼓励幼儿相互关注，观察同伴的游戏状态，发现问题，并提出自己的建议。

（5）引导幼儿关注同伴的优点，学会肯定他人的努力。

（6）通过同伴观察和学习，提高自身的能力。

（7）反思自己或同伴是否有创新玩法，例如增加或改变了游戏情节、以物代物的方式有改变等。

四、角色区工作范例

中班角色游戏—— 服装店①

一、引导幼儿自主创设游戏主题

情景一：一天，“娃娃家”的娃娃衣服破了，我一边看着坏了的衣服，一边自言自语道：“娃娃衣服破了，没衣服穿了，怎么办？”这一问，幼儿纷纷议论开了：

“把我小时候的衣服带来给她穿。”

“用花手帕把她的身体包起来，就像穿了衣服。”

“服装店的师傅会做衣服，可以请师傅做一件衣服给她。”

在幼儿的议论中我提议：“那我们来开一个服装店的游戏吧，你们来当师傅，做出漂亮的衣服给娃娃穿好吗？”幼儿的欢呼声显然是同意了我的想法。

分析：在角色游戏中，幼儿是游戏的主人，教师以参谋、支持者的身份出现，将教师的意图化为幼儿的主观意愿。在这段对话中，教师激发幼儿自主创设“服装店”的游戏愿望，积极地给予回应与支持，并非生硬地直接指挥游戏说：“今天我们开一个服装店的游戏，大家来当服装店的师傅。”那样幼儿也可能会按教师的意愿开展游戏，但其主动性、积极性却大大地被压制了，削弱了游戏的教育作用。

二、丰富幼儿的生活经验

情景二：商定开展“服装店”的游戏后，我带领幼儿参观了园所附近的服装店，请师傅为幼儿介绍店里陈列的服装款式。我还扮成一个顾客，先挑选布料，再挑选式样，

---

① 赵珊珊，2019．浅谈角色游戏中教师的有效指导：以中班“服装店”游戏为例［J］．早期教育（1）：50-51.

又请师傅现场为我量体裁衣。回班后，幼儿将参观所见的服装店工作流程进行了交流，并从“百宝箱”里找来了白纸、彩纸、油画棒、剪刀、勾线笔等材料，考虑到中班幼儿徒手画各种服装有困难，我给他们提供了服装模板，有上衣、背心、短裙、连衣裙、裤子等，幼儿自选模板裁剪衣服，再用彩纸、油画棒等进行装饰。布置好“服装陈列架”，让幼儿把做好的衣服挂在架子上展示。同时，我鼓励幼儿：“服装店的师傅要按照顾客说的颜色、款式去做，没人来定做的时候可自己多做一些衣服，做得漂亮一点，就会吸引顾客来买。”第二天，游戏便顺利地开展起来。

分析：现实生活经验是幼儿角色游戏开展的基础。通过师生参观服装店来丰富幼儿的生活经验，熟悉服装店的工作流程。在幼儿积极筹备游戏的材料和场所时，教师细致地考虑到幼儿的年龄特点，提供了服装模板，较好地激发了幼儿游戏的愿望和兴趣。

三、以角色身份介入游戏

情景三：游戏开始，有 3 个女孩去“服装店”做衣服，一个做蓝色的短裙，一个做红色的连衣裙，还有一个做绿色长裤，“师傅”按照要求很快完成了任务。接下来几天游戏过程如出一辙，渐渐地去“服装店”游戏的幼儿明显变少。我扮作顾客去“服装店”定做衣服，我说：“乔乔师傅，我要做一条连衣裙，胸前要有 3 朵红花，裙摆要有彩色的条纹。”乔乔是一个美工技能较好的男孩，他在我的要求下做出了一件漂亮的连衣裙。当天评价游戏时，我隆重介绍了这个作品，幼儿似乎眼前一亮。去“服装店”定做衣服的“顾客”变得络绎不绝，他们要求的服装样式也越来越丰富，服装店的“师傅”们因此很是忙碌。

分析：游戏中，教师密切关注幼儿的游戏情况，分析游戏存在的问题。当幼儿对游戏内容不感兴趣，教师找准时机介入游戏，并以角色的身份间接影响游戏，启发幼儿在游戏中主动思考，指导游戏向有益的方向发展。

四、重视游戏的评价

情景四：游戏持续了将近一个月后，幼儿的兴趣逐渐衰减，原来允许 6 个人玩的“服装店”，今天只有两个人去玩了。评价游戏时，我问：“今天玩服装店游戏的小朋友特别少，为什么？”小蝶说：“天天做那几件衣服，没意思。”她的回答引起了大家的共鸣，这时，我又组织大家讨论：“那你们希望再增加一些什么内容呢？”恰逢冬季，幼儿看看自己的服饰，有的说羽绒服，有的说帽子，有的说围巾、手套，根据他们的建议，我又增添了羽绒服、帽子、围巾、手套的模板，幼儿的兴趣再次被激发。

分析：教师在评价游戏时了解幼儿兴趣缺失的原因，在充分尊重幼儿想法的基础上增加了游戏内容。游戏的评价环节，可以发现一些问题，解决一些争议，了解幼儿的想法，帮助其提高游戏质量，可见，组织幼儿评价游戏也是教师间接指导方法之一。

五、密切观察，有效指导

情景五：“母亲节”快到了，我应幼儿的强烈要求，在“服装店”里增添了女包、袜子、鞋垫的模板。同时，幼儿在美术集体活动中学习了蜡笔水粉脱色画的技能，我将红、黄、蓝 3 种水粉颜料调好后放在“服装店”，鼓励他们使用新技法对服饰进行装饰，并给予适时指导。

分析：丰富的生活经验是开展角色游戏的基础，将现实生活与角色游戏有机结合，捕捉节日中幼儿的行为表现所隐含的生成教育的价值，创设生成活动的机会，支持幼儿的自主活动。同时根据幼儿已有的技能，调整游戏材料，以改变制作方法再次调动幼儿的兴趣，在专注游戏同时又巩固了美术技能，一举两得。

情景六：增加制作服装的材料后，幼儿热衷于用新技法来做服装，即便没有人来定做，他们也做了不少衣服挂在展示架上。没几天，展示架上的衣服越来越多，有些衣服被扔在柜子上，有的被扔在地上，"服装店"里一片狼藉。

分析：教师一味在提高幼儿制作兴趣上下功夫，而忽略了游戏规则的强调，使得幼儿将兴趣点放在了制作衣服的过程上，而忘了自己的角色身份，导致做好的衣服没有人买，出现无处安放的混乱场面。

情景七：评价游戏时，我问幼儿："这么多衣服没有人买，怎么办？"尧尧说："没人买就自己带回家。"尧尧的想法提醒了我，于是我建议大家把买来的衣服放进自己的格子中，放学的时候带回家。又提醒幼儿"服装店"的师傅必须要有人定做了才能去做，但这种做法显然限制了幼儿的制作欲望，我觉得有些不妥。正当我在思索更好的解决方法时，转机出现了，丹丹在玩这个游戏时吆喝到："快来买衣服哦！打折喽！便宜买喽！"评价游戏时，尧尧呼吁"服装店"停做几天，这几天专门打折销售。于是幼儿以打折、买一送一等方式很快将积压在"服装店"里的衣服处理完了，还玩得很开心。

分析：遇到问题时，教师及时抓住教育契机，平等地与幼儿协商、交流，提高了幼儿解决问题的能力，巧妙地化解了游戏中的矛盾。"服装店"的游戏持续了一个学期，幼儿兴趣始终不减，其功劳离不开教师的有效指导。案例中教师密切关注游戏的发展，帮助幼儿将游戏和生活经验进行连接，拓展幼儿游戏的内容。整个游戏的发展过程真正体现了幼儿是游戏的主人，教师的适时指导，不仅丰富了幼儿的游戏内容，增加游戏情节，促进角色交往，更能发展幼儿的主动性和创造性，提高其组织活动的能力，有效促进幼儿健康、和谐、富有个性地成长。

第二节　阅读区活动指导与环境创设工作标准

一、概述

阅读区是幼儿园活动室内专门为幼儿设置的以图书为主要对象的欣赏性活动区域，它是幼儿园教育环境和教育活动不可缺少的组成部分，它为幼儿提供良好的阅读环境、阅读条件和丰富的阅读材料，旨在激发幼儿的阅读兴趣，培养幼儿的阅读习惯、增强幼儿的阅读理解能力，满足不同幼儿个性化的阅读需求，以促进幼儿在阅读区的全面发展。

未来幼儿园阅读区的环境创设，应该秉持生态、自主、参与、开放等基本原则，同时还要考虑到信息技术带来的阅读方式的转变，融入电子阅读素养培养的目的，为幼儿创设条件接触多元化的阅读方式，培养良好的阅读习惯。首先，阅读区的环境创设应该考虑空间的科学性和适宜性，保证幼儿阅读环境的安静、舒适。其次，阅读区环境的设计应该美观、安全，吸引幼儿阅读的兴趣，保证幼儿阅读的安全。在图书的提供上，应该充分考虑幼儿的兴趣和需要，具有年龄适宜性的图书。同时，考虑到未来人类社会对文化多样性的发展态势，幼儿图书区的创设也可以融入中华民族文化、世界优秀文化等多元要素，帮助幼儿扩大视野，培养幼儿尊重多元文化的意识。图书的摆放应该考虑到幼儿能方便取放、更换和归类等情况。最后，阅读作为一项幼儿的自主性活动，教师应该减少干预，引导幼儿自主选择、自主阅读和自主管理，教师更多的是观察和识别幼儿的需要，为他们提供个性化的帮助。

二、阅读区工作流程

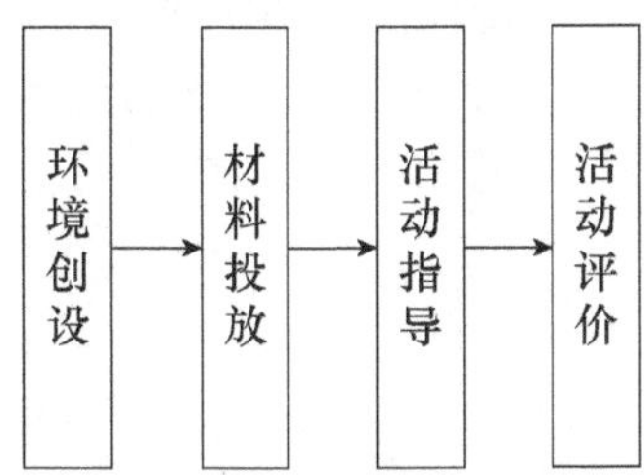

幼儿园阅读区活动的组织与指导一般包含环境创设、材料投放、活动指导、活动评价等环节。非正式的阅读区活动并非完全遵循这几个步骤，可以根据幼儿的需要和兴趣灵活地支持幼儿开展阅读活动。

（一）环境创设

幼儿园阅读区是幼儿发现语言“魅力”、产生阅读兴趣的地方，阅读区的环境创设与幼儿的阅读成效有着密切的关系，阅读区的发展性、适宜性对幼儿阅读兴趣、阅读能力和阅读持续的时间有很大影响。因此，创设适宜于幼儿身心发展和阅读特点的阅读区环境是非常重要的。

（二）材料投放

阅读区材料的投放主要以图书为主，有趣、生动和适宜的图书对幼儿充满了吸引力。图书区阅读材料的投放也是一门学问，从材料种类、图书的数量到辅助材料的选择等各个方面都有讲究。同时，幼儿的好奇心很强，每一个幼儿感兴趣的方面都有所不同，因此在为他们准备阅读材料的时候，教师应该要有侧重点。

（三）活动指导

首先，新投放的书籍应该正式向幼儿介绍，主要介绍书名、封面和封底（对一些特别的材料应该专门介绍阅读方法，比如立体书、有声书的使用），还可以向幼儿介绍图书的主要内容，目的在于吸引幼儿的兴趣，为他们阅读提供方向上的指引。介绍的方式既可以通过教师讲解图书的开头或中间，鼓励幼儿到阅读区阅读故事的结尾，还可以充分利用动画视频、故事录音等播放故事内容，以激发幼儿的阅读兴趣。

其次，幼儿自主选择阅读材料，自主展开阅读，教师从旁观察，适时给予指导。教师主要观察幼儿看书、翻书的姿势，阅读的习惯，是否完整地看一本书，鼓励幼儿合作看书，识别幼儿看书过程中有无遇到困难等。教师可以根据幼儿的阅读情况适时地介入指导，支持并推动幼儿阅读活动的开展，帮助幼儿获得新的经验，提升阅读水平。

最后，幼儿在阅读完之后将图书分类整理好，有助于幼儿养成良好的习惯，建立爱惜图书的情感。图书区材料的整理一般是按照原来的分类和位置摆放整齐，然后还需要整理坐垫和椅子。教师可以在图书区设置图书分类标签和索引，提示幼儿将图书归于原位。

（四）活动评价

活动结束之后，教师引导幼儿介绍自己阅读的图书的书名，并简单介绍图书的内容，以及在阅读图书的过程中遇到了什么问题等，要求幼儿语言完整。最后教师引导幼儿进行互评，对那些有好的阅读习惯和完整介绍图书内容的幼儿进行表扬和鼓励。

三、阅读区的工作标准

（一）环境创设

1. 阅读区应设置在班级安静的地方，空间大小适宜，一般以能容纳4～6名幼儿为宜。

2. 阅读区应该自然采光良好，最好靠近窗户。

3. 独立成区，相对封闭不被干扰，有助于幼儿保持安静、专心的状态。

4. 环境应温馨舒适，色彩柔和，通过提供柔软的设施营造阅读环境。

5. 图书区的墙面布置可以有新书介绍、阅读规则、幼儿阅读的相关作品展示及书单、文字标识、图书角登记册等内容。

6. 图书区配备的书架、桌椅要符合《儿童家具通用技术条件》（GB 28007—2011）的要求，适宜幼儿使用。高度大于600mm的柜类产品应提供将产品固定于建筑物上的连接件，以防止倾翻。

7. 图书区家具不能有玻璃部件。刚性材料产品上深度超过10mm的孔及间隙，其直径或间隙应小于6mm或大于等于12mm，产品可接触的活动部件间的间隙应小于5mm或大于等于12mm。抽屉要有防拉脱装置。

8. 图书架要适合幼儿身高，图书的摆放要能够让幼儿清楚地看到图书封面，方便幼儿自主选择和取放。

9. 阅读区可以设置满足不同阅读个体、阅读类型、阅读阶段需要的空间，结合需要划分一定的空间，延伸拓展阅读区的活动，包括展示区（“推荐阅读”或“故事小明星”）、电子阅读区（感受视听结合的阅读）、操作体验区（“小小出版社”“4D阅读区”）等。

（二）材料投放

1. 阅读区应该配备中外优秀的幼儿读物及阅读材料、视听材料，选择包括健康、社会、语言、艺术和科学五大领域的内容。

2. 为幼儿提供的图书阅读材料和视听材料，内容应适合幼儿的阅读和理解水平，能够激发幼儿兴趣，应有益于幼儿的身心健康。

3．不得投放包含暴力、恐怖等不适宜幼儿阅读的材料。禁止配备有“小学化”倾向的图书。

4．图书及阅读材料要以画面清晰、色彩协调、形象生动的图画读物为主。

5．配备的图书纸张的颜色不能过白，色彩要柔和，接近自然色，比如淡黄色、淡粉色等。纸张的光泽度应适中，对比度不能太强。纸张不能太硬或太薄，纸张边缘要经过裁剪，避免划伤幼儿的手。纸张油墨要安全卫生，无异味，符合环保要求。

6．阅读区配备的图书种类应该齐全，包括童话故事类（幼儿图画故事、童话、寓言、幽默讽刺故事等），幼儿歌谣类（儿歌、寓言、谜语、古诗词、幼儿诗歌散文等），儿童百科知识类（植物、自然现象、交通工具、人文社会等方面的以图为主的幼儿百科类读物），智力开发类 4 类图书。除图书外，还应配置卡片、幼儿杂志、幼儿连环画、卡通画、漫画、挂画等。

7．图书数量要充足，一般按照进区幼儿数量的 2～3 倍投放。

8．图书配备应该符合不同年龄幼儿的发展特点，小班要选择画面简单、大幅画面的书，以单页、单幅为主。图画书版面应不小于 32 开，方便幼儿握持和阅读。内容侧重于生活类阅读材料，并逐渐增加与他们生活经验密切相关的事物或简单童话故事。图书以认物、童话故事为主，而且要符合小班幼儿的心理特点。中班要提供动物、卡通类，可以操作的以及能理解的图书材料，要选择有细节和动作画面的图书，侧重于认知类（如动植物、季节变化、自然现象等），社会类阅读材料。书的内容应该要能反映他们能做的事，表现同龄孩子的生活及童话故事。故事情节应简单，让孩子从故事中认出他们所知道的事物。大班要选择幼儿可以了解到更多细节，带有故事情节的连环画书、动物故事和童话，也可以是反映社会真实的人物和事情的故事，以科普故事、社会工具书为主。

9．图书应定期更换，一般一个月更换一次为宜。

10．定期检查图书是否存在掉页、缺角、污损等情况，与幼儿一起开展图书的自制、装订、修补和替换活动。

11．提供辅助材料，如地毯、坐垫、泡棉、布套、软枕、小沙发、布偶、柔软玩具等环境设施，以及纸、笔、剪刀、卡片、手偶等操作材料。

12．提供适宜幼儿使用的电子图书和电子阅读工具。

（三）活动指导

1．通过幽默的语言、夸张的表情来带动幼儿，引发幼儿对活动的兴趣，引导幼儿积极参与。

2．把握指导的时机，应在尊重幼儿阅读意愿的前提下进行介入。

3．恰当运用提问引发幼儿思考，理解故事内容，帮助幼儿对角色进行评论。

4．指导幼儿正确的看书方法，通过示范、环境提示等方式，提示幼儿按顺序翻页，一页一页连贯、有序地阅读。

5．教师适时引导幼儿关注并理解画面上的标志与符号。

6．引导幼儿定期进入阅读区参与阅读活动，增加阅读时间，增强阅读的兴趣。

7．培养幼儿爱护图书的意识，养成分类整理图书、随取随放的习惯。

8．与幼儿共同制订阅读区规则。例如：坐姿端正；书本放平；眼睛与书本有一定距离；左手扶书，右手拇指和食指翻书；按页面顺序一页一页翻看。

（四）阅读区活动评价

1．教师评价。

（1）幼儿对阅读活动的态度是否积极主动？

（2）幼儿是否对阅读活动有浓厚的兴趣？

（3）幼儿能否专注于阅读活动？

（4）幼儿是否懂得正确翻页、掌握基本的阅读方法？

（5）幼儿是否掌握观察画面的技巧？

（6）幼儿是否会看画面的符号和标志？

（7）幼儿是否进行合理的猜想与表述？

（8）幼儿是否有良好的阅读习惯，如坐姿正确、爱惜图书、自觉取放图书等？

2．幼儿自评与互评。

（1）回顾自己阅读的图书，用语言讲述出来。

（2）分享自己阅读过程中的感受和想法。

（3）倾听同伴的收获和体验，积极主动与同伴交流自己的想法。

（4）倾听同伴阅读到的有趣的故事，产生阅读的兴趣。

四、阅读区工作范例

中班幼儿阅读区环境创设与活动指导示例

材料准备

毛绒玩具、小沙发、靠垫、地毯、书架、桌椅、柜子、图书等。

环境创设

1. 创设温馨的阅读环境，激发幼儿参与阅读的兴趣。

2. 投入丰富、有趣的图画书和多样化的阅读材料。

3. 配合图书增加海报、图片、照片等，激发幼儿的阅读和交流兴趣。

4. 划分不同的图画书功能分区。

阅读区规则

1. 鼓励幼儿到阅读区进行游戏，根据一些图片的提示与引导，初步理解阅读区的一些规则，如看书的姿势、取放图书的习惯、尽量不大声说话等。

2. 引导幼儿选择一本自己喜爱的书，坐在小沙发上或者小地毯上，一页一页地安静翻阅。

3. 定时有一个故事讲述的小环节，教师分享故事，幼儿围坐聆听。

观察与指导

1. 布置图书区时，结合中班幼儿的年龄特点，创造温馨、宽松的氛围，提供丰富、适宜的材料，为幼儿提供一个喜爱阅读、专注阅读的环境，以及一个敢说、想说、愿意说的语言环境。

2. 可以坚持每天为幼儿阅读一个以上的故事，用贴合故事人物的口吻讲述故事，吸引幼儿关注图书区。

3. 为幼儿提供创编图画书故事的机会，提供可以续编的图画书，请幼儿通过画画、贴贴等方式将自己的成果展示在阅读区。

阅读小知识

在创设中班阅读区时，最主要的就是关注到幼儿的需求，以幼儿为主体，让幼儿对环境和材料产生兴趣，满足幼儿阅读的兴趣和发展的需要。此外，创设好环境后，有效管理阅读环境也同样重要，在幼儿每次进入阅读区的时候，我们应该把后续管理做好，让幼儿在每次进入阅读区后都能有新的体验，而不仅仅只是阅读。在创设与管理两方面，教师也要拿捏好度，将两者有效结合起来，给孩子们一个快乐的阅读氛围。

（改编自：王蕾，2020. 浅谈班级阅读区的创设与管理［J］. 作家天地（8）：65-66.）

第三节　美工区活动指导与环境创设工作标准

一、概述

随着人们物质生活的不断充实，人们对精神生活的需求也将越来越丰富，对艺术的需求也会越来越大。审美能力将成为未来社会的重要竞争力，这已经成为现代人的共识。美工区是幼儿艺术学习的重要领地，是幼儿感受美和表现美的小天地。它为幼儿的游戏、学习与创作提供适当的环境和条件，营造宽松、愉快的艺术氛围。在这个区域内，幼儿可以选用不同的工具和材料，自主或与同伴友好合作，有条理地进行各种美工活动。通过美工活动来表达自己的情感和认识，促进审美能力和创造能力的发展。

未来幼儿园的美工区教育目标应该注重艺术与人的生活、历史文化和社会环境等方面的有机联系，重视艺术感受、创作和反思的联系，培养幼儿综合运用多种媒体技术和方法创作艺术作品的能力。同时，还要以幼儿整体发展为中心，综合利用互联网技术的光、音、影等技术，促进幼儿建立各种艺术感觉、经验、知识、智能相互衔接、融会贯通的生态结构，并具有积极向外探索、表现和创造艺术的能力。

尽管美工区强调幼儿的自主发展和自主创造，但绝不是要否定教师的作用。教师在美工区的活动中，既要满足幼儿自主发展的需要，也要进行适宜的指导。既不能像教学活动一样，严格安排活动过程，也不能在创作中完全放任孩子，教师游离于活动之外。特别是当孩子想进行艺术创作又缺少一定的技法时，教师的指导和介入是最适宜和有效的。此外，互联网技术赋予了教师对幼儿作品归纳和保存的新效能，教师可以使用电脑、网盘等媒介保存幼儿的作品，既能保持作品的清晰度，还能随时用以欣赏和展览。

二、美工区工作流程

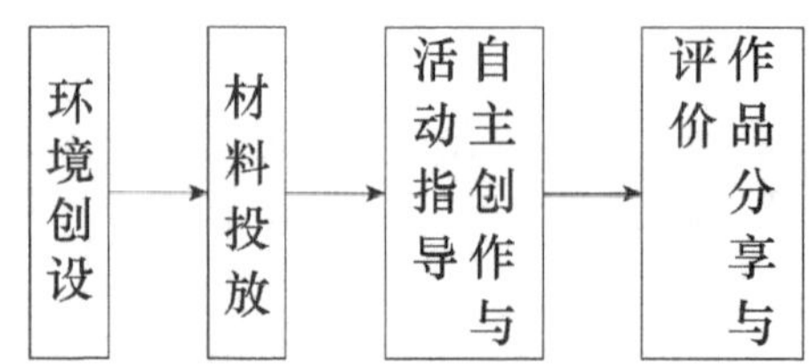

一般来说，美工区活动的流程由 4 部分组成，即环境创设、投放材料、自主创作与活动指导、作品分享与评价。需要指出的是，并不是每一次活动都包括这几个环节。有时候活动开展前需要教师介绍新材料，有时候不需要教师组织幼儿针对作品进行分享与交流。只有遵循幼儿的需求，适时、适当地组织活动，才能成为最优质的活动。

首先是环境创设。教师要为幼儿创设整洁和实用的美工活动环境，同时还要注意营造温馨的氛围。其次是材料投放。教师可以引导幼儿认识美工区的新材料和工具，也可以请幼儿自主欣赏和认识。幼儿进入活动区，根据活动的内容自主取用活动材料，教师可以观察幼儿是否有条理地取用材料，如果幼儿一次取很多可以适当提醒。再次是自主创作与活动指导。幼儿要在一段较完整的时间内，按照自己的意愿独立或自由组合从事美术活动。这时，区域环境中的信息和材料成为支持幼儿创作的最好的老师。幼儿可以选用不同的工具和材料，用绘画或手工这些外在的形式来表达自己的体验和情感，施展自己的才能，享受创造的快乐，获得精神上的满足。教师在这个阶段充当游戏伙伴、旁观者、导师等角色，可以适时、适度地为幼儿提供支持。幼儿在区域活动结束或者自己的创作结束时，需要将所用的材料归类整理，教师可以通过设置一些归位标记，帮助幼儿有序地整理材料。最后是作品分享与评价。在美工区活动结束之后，幼儿自发地或者在教师的组织下展示、欣赏作品，分享创作经验。这一过程有助于幼儿清楚地了解自己和同伴之间的活动情况，发现问题，总结经验，为下次活动的开展奠定良好的基础。

三、美工区工作标准

（一）环境创设

1. 创设宽松的艺术创作心理环境，允许幼儿任意选用不同的工具和材料与同伴友好地合作，进行多种多样的美术活动，创造性地表达自己的情感与认识。

2. 整合多种艺术元素，体现艺术的多元特质。例如，环境中既有中国传统水墨画风格的布置，也有后现代主义的设计元素。

3. 充分利用空中、墙面和地面的空间，创设出更多适合幼儿发展的环境，给人一种协调的美感，发挥环境的隐性教育作用。

4. 在幼儿游戏环境创设中，各区域间都尽量分隔开来，动静分明，摆放有序，既方便幼儿取放又给人一种美的享受。

5．为幼儿提供一种安全自由、自主、宽松、和谐的心理环境，幼儿可以毫无拘束地表现自己的内心情感，让个性得到充分发挥。

6．提供开拓艺术视野的欣赏角，给幼儿创造一个艺术美的环境，产生敏锐的审美感知，激发幼儿的创造灵感。

7．以幼儿的作品作为主要装饰材料，环境布置体现幼儿的主体性。

8．提供用于展示幼儿作品的展示架、空间等，便于幼儿自主展示或同伴间相互观察学习。

9．空间、设施、活动材料和常规要求等应有利于引发、支持幼儿的游戏和各种探索活动。

10．环境舒适美观，具有艺术气息，有利于幼儿审美能力的培养。

11．环境创设整体风格宜鲜亮明快，充满趣味性，对幼儿有吸引力。

12．室内装饰以不影响幼儿正常的活动为前提，给幼儿留足活动的空间。

13．位置选择需要靠近窗口，光线较充足，有利于幼儿对颜色的辨识，保护视力。

14．水彩区需要靠近水源，便于自由取、换水。

15．保证足够大的活动空间，满足开展个别或小组活动的需要，避免幼儿彼此之间的推挤。

（二）材料投放

1．提供丰富的美工工具材料，满足不同幼儿的创作需要。

2．使用不同大小、颜色或形状的收纳盒，并标上不同的标志，既方便幼儿拿取，也有助于教师根据幼儿使用材料的情况，及时补充，以免出现材料不足的情况。

3．利用计算机等媒介创建美术素材库，根据不同的需要逐一分类。例如创建幼儿美术鉴赏作品库、幼儿优秀绘画作品展示库。

4．根据材料特点分门别类有序投放（如可分为绘画区、手工区、泥塑区，也可分为美术工具、美术材料等），工具和材料有相对固定的位置，易于幼儿取放。

5．提供多种废旧材料，贴近幼儿生活，养成废旧利用的环保意识。

6．选择材料时需注意安全和卫生，避免幼儿在操作过程中受到伤害。

7．投放有利于启发幼儿创意、发散思维的材料，例如美术工具书、幼儿作品集等。

8．在每一个区域中，都提供分类架和游戏筐，便于幼儿取放和整理。

9．材料投放可以与班级主题活动相结合。例如，在环保主题活动中，教师为幼儿提供了许多的报纸和尼龙袋，还有许多的罐头盒，幼儿在教师协助下把它们制作成各种服装，并装饰漂亮的小花。

10．师幼共同收集废旧物品，变废为宝，制作成有趣的玩教具。

11．将美工材料按照功能分区摆放，养成幼儿分类规整的习惯。

12．根据季节变化特点，将大自然中的落叶、花瓣等放到美工区，供幼儿做创造性手工。幼儿可以观察树叶脉络特点、装饰树叶、做印画等。

13．在美工区设一米以下开放式的矮柜，柜子可分 3～4 层，分门别类摆放工具与材料。例如：绘画用的各种笔，如蜡笔、水彩笔、水粉笔；泥工用的压板，各种模子，切刀；造型用的剪刀；编织用的钩针等。

14．工具与材料应有相对固定的位置，不同的工具筐设有不同的标记，且与柜子摆放位置上的标记相同，以利于幼儿按标记所示，有序地取放，养成良好的自我服务能力，以及做事有条理的习惯。

（三）自主创作与活动指导

1．投放具有启发性、操作性、探索性、层次性的材料。

2．与幼儿共同制订区域规则，建立区域常规。

3．引导幼儿有序地取放操作材料，保证区域环境的整洁有序。

4．引导幼儿欣赏各种艺术品，提高他们的审美兴趣和能力。

5．引导幼儿认识各种美术材料和工具，了解多种美术表现形式和技法。

6．鼓励幼儿参与搜集各种可以再利用的废旧材料，丰富区域材料；利用各种废旧材料进行创意制作，在享受创意成功喜悦的同时提高环保意识。

7．鼓励幼儿大胆使用提供的材料进行自主创作。

8．针对孩子不同的能力水平提供有效的指导和帮助，促进幼儿不同层次的发展。

9．将幼儿的作品进行装裱并展示，尊重孩子的作品，提高他们的自信和兴趣。

10．鼓励幼儿参与环境的创设，师幼共同收集材料，为活动提供开放式的环境。

11．活动的材料应与幼儿的年龄特点相符，能引起幼儿游戏的兴趣。

12．观察幼儿使用工具和材料的方法，确保幼儿在没有安全隐患的前提下创造性地使用材料。

13．观察幼儿在活动中表现出的生活习惯，比如提醒幼儿不要浪费，学会节约使用材料。

14．指导幼儿学会与同伴分享材料和工具。

15．利用一些开放日活动或者亲子活动让家长一起参与到班级的环境创设中。

（四）作品分享与评价

1．教师评价。

美工区中的评价着重从幼儿艺术领域的发展目标着眼，关注幼儿发现美、感受美、表现美、创造美的过程。

（1）艺术欣赏。

① 幼儿能否感受某种艺术形式的特点？

② 幼儿能否说出自己对某种材料的感知？

③ 幼儿能否感受到艺术形式的多样性？

④ 幼儿能否发现不同材料的特质？

⑤ 幼儿能否感受用色不同带来的不同视觉体验？

（2）艺术创造。

① 幼儿作品的精细度如何？

② 幼儿是否关注到色彩搭配？

③ 幼儿是否运用了多种线条或图案组合？

④ 幼儿能熟练使用几种美工材料？

⑤ 幼儿能否运用多种材料制作一个作品？

⑥ 幼儿是否大胆、创造性地运用材料？

⑦ 幼儿是否会迁移其他艺术形式的经验或生活经验进行创作？例如，在制作京剧面具时运用有规律的花纹？

⑧ 幼儿是否掌握使用工具的正确方法？

2．幼儿自评与互评。

（1）回顾自己制作作品的过程，表达自己的感受和体验。

（2）介绍自己的作品，分享自己的制作心得和收获。

（3）观察同伴的作品，表达自己的理解。

（4）倾听同伴的收获和体验，积极主动地与同伴交流自己的想法。

（5）倾听同伴在操作中遇到的困难，帮助同伴想办法解决。

四、美工区工作范例

幼儿园中班美工区活动——水族馆

配备材料

各色轻黏土，彩色石子，瓶子（开口较大的）。

活动目标

1. 知道什么是轻黏土，了解轻黏土的特点。

2. 巩固黏土活动的各种制作技能及使用工具的技能技巧。

3. 通过亲自动手体验、制作，体验创作轻黏土作品的乐趣。

活动过程

1. 通过水族馆的图片和回顾现实经验中关于水族馆的经验，让幼儿了解水族馆的基本构成，包括各种鱼、珊瑚、水草等等，为制作水族馆做经验准备。

2. 出示轻黏土材料，让幼儿了解轻黏土的特点和制作方法，同时讨论自己如何制作自己的水族馆。通过讨论，构思自己的作品，激发幼儿创作的激情。

3. 自主制作。幼儿先用轻黏土制作各种海洋动物、水草等，制作完成后进行水族馆的装饰（将海洋生物等粘贴在瓶子内壁上）。

4. 作品完成，进行展示。讨论制作过程中的心得和经验。

观察与指导

1. 在制作前要通过图片、PPT 等各种方式丰富幼儿关于海洋世界的经验。引导幼儿大胆想象，做出与众不同的水族馆。

2. 在制作过程中观察幼儿黏土制作技巧的掌握，尤其是搓团、将各部分进行粘贴的技能。

3. 对于能力比较强的幼儿，教师可鼓励将海洋动物做得更形象，对于能力弱的幼儿，教师可引导同伴间进行合作，以强带弱。

美工小贴士

轻黏土是幼儿园中的新型的手工材料，因其颜色鲜艳、质地柔软而深受幼儿的喜欢，成为手工制作的新宠。它经过揉捏会变得更加柔软，富于弹性，更容易黏合，不需要借助胶水就可以方便快捷地进行手工制作。它具有高度延展性和可塑性，可以塑造成各种千变万化的形状和图样，充分满足幼儿的创作需求，提高他们的动手能力，培养幼儿的创造力和想象力。

第四节　益智区活动指导与环境创设工作标准

一、概述

益智区是通过投放一些材料，促进幼儿观察、比较、分析、推理、判断能力的发展，启发幼儿思考，供幼儿进行操作的区域，是幼儿喜欢的探索性区域。益智游戏以游戏的形式锻炼幼儿脑、眼、手的协调发展，激发幼儿的求知欲和创作力，幼儿能在游戏中获得一定的逻辑思维，掌握一些知识技能，形成对事物的正确态度。

皮亚杰曾经说过，“儿童的智慧来源于操作”，儿童的智力发展离不开丰富、有价值的环境和材料。人与世界中的其他人或其他人工制品（材料）进行互动而获得意义。所以，环境的创设和材料的投放是益智区活动实施和开展的核心。操作材料是幼儿在益智区活动的灵魂，是幼儿学习内容的载体，是幼儿智力得到发展的不可或缺的前提。未来幼儿园教师应该为幼儿提供各种丰富有意义的、有趣又符合幼儿能力发展的材料。随着“互联网＋”、“信息技术”和“人工智能”对教育的加持，未来幼儿园教师应该重视智能类学习软件及其应用对提高幼儿协调能力、动手能力、观察能力和思考能力的重要价值。

二、益智区工作流程

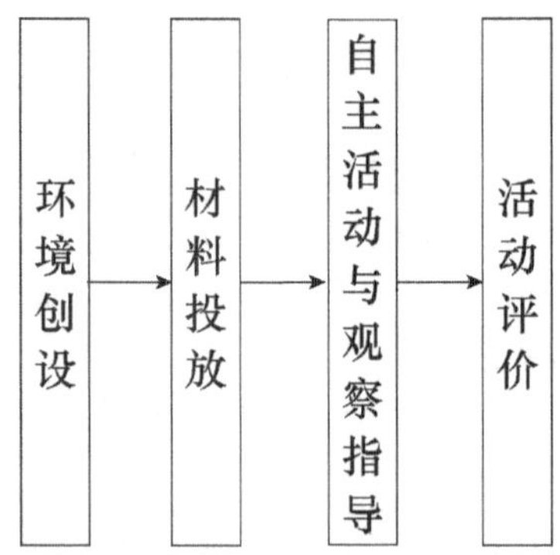

益智区的活动没有特别固定的形式，往往要根据投放的材料以及幼儿在区域中活动开展的实际情况来确定，其最基本的流程一般包括以下几个环节。

1．环境创设。

益智区是幼儿园区角活动中必不可少的，益智区的环境创设应该要考虑周全。教师在创设益智区时，应该考虑到合理的空间布局和合适的装饰美化等方面。合理的空间布局是益智区活动顺利开展的保障，合适的装饰美化能够吸引孩子的兴趣，激发孩子的探索欲望。

2．材料投放。

益智区的操作材料类型较多，既有操作方法较简单、操作过程有相似性的材料（如拼图、嵌板、接龙、迷宫、排序类材料等），也有固定规则和玩法的材料（如棋类、扑克牌类等），还有方法较复杂、规则性较强的益智玩具、数学类游戏材料等，还有一些无特定的规则，玩法比较开放的材料（如七巧板、魔尺、橡皮筋构图板等），以及一些电子游戏、AI 机器人等。因此，如果益智区没有投放新的材料，可以直接让幼儿自主选择材料开始活动；如果投放了新材料，教师就要根据材料的类型来确定推介方式，如直接投放、简单推介、讲解规则、示范玩法等。幼儿只有了解了新材料的玩法和规则，才能自如地进入益智区进行活动。

教师在这一环节除了做好材料的推介、规则玩法的讲解提示外，还应该通过多种方式鼓励幼儿多尝试、敢挑战、多创意，激发幼儿参与活动的兴趣。

3．自主活动与观察指导。

幼儿自主选择材料的过程也是教师观察了解幼儿的一个好机会。比如，有的幼儿对益智区的活动非常熟悉，目标很明确，选择材料时迅速而果断，而对益智区材料不太了解、对于操作方法也不明确的幼儿往往会感觉无从下手；有的幼儿喜欢尝试新材料，有的幼儿只喜欢玩自己熟悉的材料；有的幼儿在某一阶段会特别喜欢某类材料，如拼图、棋类等；有的幼儿总是一个人操作，不喜欢玩合作性游戏等。教师可以结合平时的观察，有针对性地予以引导。

益智区的活动对于幼儿学习品质的培养有着重要的作用，因此在幼儿操作过程中教师要关注幼儿的习惯和活动的状态，发现问题、分析原因并给予有针对性的指导，以帮助幼儿形成良好的学习品质。比如，当幼儿无法专注操作时，教师可以从以下几个方面考虑：材料是否适合幼儿的经验水平？幼儿是否了解操作方法和规则？幼儿是否具备专注操作的心理状态和水平？

对于幼儿规则意识、合作意识以及合作能力的培养也是益智区活动指导中教师应该关注的。教师应该有意识、有重点地在活动中进行这方面的观察与指导。例如：在规则遵守方面，教师可以通过正面鼓励、环境暗示、同伴影响、适当惩戒等方法进行；对于合作方面出现问题，教师不妨从创造合作机会、引导合作方法、鼓励合作行为等几个方面予以指导。

值得一提的是，益智区的材料整理有它的特殊性，有的需要摆放得整齐、有序，如各种教学类材料、棋类材料等；有些材料要打乱顺序摆放，为后面操作的幼儿做好准备，如拼图、接龙、配对、排序等类型的材料。教师首先要引导幼儿养成物归原位的好习惯，然后引导幼儿了解益智区各类材料的整理方法，正确且有条理地做好材料的收拾整理工作。

4．活动评价。

教师可以从幼儿对材料的兴趣、对于规则的理解掌握、合作中的问题、操作中的新发现新创意及幼儿的习惯养成、能力提升等方面选择话题，有重点地引导幼儿分享与交流。

教师应该对幼儿在活动中的表现，包括兴趣和主动性、材料的选择与使用、思维品质与能力、规则意识与能力、合作意识与能力等多个方面进行评价，分析幼儿的发展水平以及下一步可以为幼儿提供的支持与帮助。

三、益智区工作标准

（一）环境创设

1．区域选在相对安静的空间，空间的大小与进区人数相适宜。
2．保证充足的桌面操作空间以及部分地面操作空间。
3．区域布置能够根据需要进行动态变换或调整。
4．活动区墙饰布置与活动材料相互补充。
5．营造平等、尊重、宽松的氛围，并与幼儿共同制订游戏规则。

（二）材料投放

1．材料投放要有计划性，结合教育功能和目标进行。
2．材料具有新颖性、操作性和创造性，能够吸引幼儿的注意力。
3．材料完整齐全，材质、色彩、造型能够吸引幼儿。
4．材料具有引导性，有助于幼儿自主学习和自我检查。
5．材料具有层次性，由易到难、分期投放，循序渐进增加难度。
6．材料符合幼儿的年龄特点。
7．材料种类丰富、全面，数量充足。
8．材料应该与幼儿的生活紧密联系。
9．材料投放应该与集体教学的内容相符，促进教学顺利开展。
10．适当提供多人数操作的材料，鼓励幼儿合作与交流。
11．适当利用身边废旧材料，自制用途多样的益智玩具。
12．适当提供具有较强操作性的益智类电子游戏设备和应用程序。

（三）自主活动与观察指导

1．明确每一种游戏材料和玩具的观察目的和观察重点。
2．能够科学、客观地观察幼儿，并敏锐地发现问题。
3．将全面观察和个别观察相结合。
4．把握好介入指导的时机。
5．选择恰当的方法与策略进行适宜的指导。
6．通过分享与交流有针对性地解决活动中出现的问题。
7．针对益智区的活动进行及时的反思与调整。

（四）活动评价

1．教师评价。
（1）幼儿是否积极主动地参与益智区的活动？
（2）幼儿是否自主地、有目的地选择材料？是否喜欢选择相对具有挑战性的材料？

(3)幼儿能否有始有终地、专注地进行活动？遇到困难能否反复尝试，不轻易放弃？

(4) 操作中，幼儿是否喜欢探索更有创意的玩法并尝试运用多种方式解决问题？

(5) 幼儿是否能按照规则操作和游戏，并积极参与规则的制订？

(6) 幼儿是否具备基本的合作意识与能力？

2. 幼儿自评与互评。

(1) 回顾自己的活动过程，表达自己的感受和体验。

(2) 分享自己的玩法和尝试的过程，分享自己的心得和收获。

(3) 倾听同伴的收获和体验，积极主动与同伴交流自己的想法。

(4) 倾听同伴在操作中遇到的困难，帮助同伴想办法解决。

四、益智区工作范例

大班益智区游戏—— 多米诺骨牌

材料投放

趣味多米诺骨牌——特洛伊之战套装1套。

游戏目标

1. 在思考骨牌与骨牌之间合适的位置与角度的过程中提升幼儿的空间概念。
2. 平稳地将骨牌放到正确的位置上，锻炼幼儿手部肌肉的稳定性与手眼协调能力。
3. 幼儿通过操作材料，完成一套多米诺骨牌的造型，不断提高专注力和坚持性。
4. 尝试根据故事进行造型，造型之后讲述故事，提高幼儿的语言表达能力。

参与人数

1～2人。

游戏玩法

1. 多米诺骨牌游戏：幼儿观察之后，尝试摆放骨牌，选择恰当的距离，并推倒所有骨牌。必要时，教师可适当进行演示。

2. 士兵攻城：在了解多米诺骨牌的基本玩法之后，可以尝试按照骨牌的士兵角色设置关卡，进行攻城游戏。

3. 开展双人游戏，共同合作搭建，不断增加游戏的难度。

观察与指导

1. 教师根据幼儿的表现，引导幼儿发现骨牌之间的距离是影响骨牌是否倒下的关键点，鼓励幼儿大胆尝试，必要时示范演示。

2. 根据幼儿的表现，教师引导幼儿关注士兵的角色，在摆放骨牌时讲述自己如何布阵，在情境中进行游戏。

3. 在幼儿遇到操作困难时，教师可以提供多种图卡进行引导示范。

多米诺骨牌作为经典的玩具材料，深受国内外幼儿的喜爱。幼儿在操作过程中需要仔细观察，能够在最后推倒骨牌时感受到强大的自豪感。本套材料结合历史故事，以攻城的情境引入，增加了材料的趣味性。

第五节　表演区活动指导与环境创设工作标准

一、概述

表演区是幼儿通过扮演某一文学和艺术作品中的角色，抒发情绪情感，创造性地表达对生活及文艺作品理解的活动场所，是以表征思维为基础的游戏活动，兼具“游戏性”和“表演性”。在表演游戏中，幼儿是按照自己的“脚本”在游戏，他们可以自己决定“使用什么道具”“怎么使用道具”“和谁一起演”“怎么演”，并且可以按照自己的想法来表现故事内容，体现个体独特的创造性；幼儿的主动性、创造性和积极性可以得到充分的发挥，凸显幼儿的主体地位。在游戏中，教师更多的是作为支持者、引导者和参与者参与其中。整个活动过程成为幼儿与幼儿之间、幼儿与教师之间的社会性相互作用过程。

“信息技术”“互联网＋”在幼儿园各个领域的渗透，丰富了教育教学的内容和形式，提供了先进的辅助教学手段，为幼儿园教育带来了更开阔的时间和空间。在表演区游戏的开展过程中，也可以充分发挥信息技术的实效。比如，使用生动、富有趣味的课件，能够集中幼儿的注意力，加深幼儿对内容的理解；同时，由于信息技术能够超越时空，教师可以自由地运用各种生动立体的声像资源，使得表演的故事内容更加直观形象，人物形象更加丰满立体，表演效果更加生动。而要充分发挥信息技术在表演游戏中的作用，幼儿园教师应该跟踪信息技术的新发展动态，拓展自己的视野，提高自己的信息素养，并将多媒体课件、音视频等应用到表演区游戏中。

二、表演区工作流程

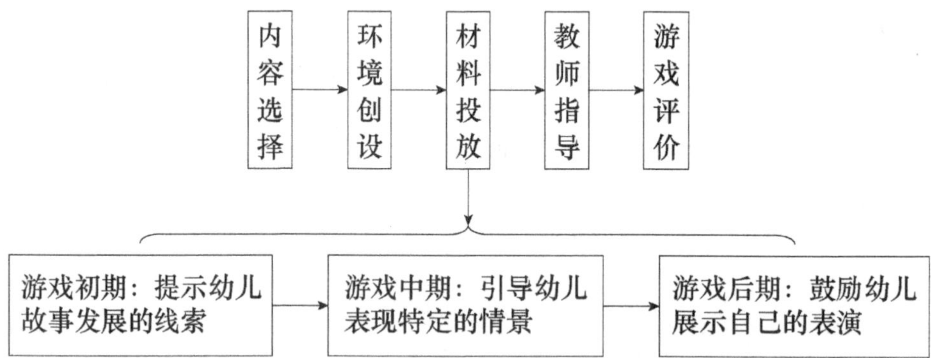

幼儿的表演游戏要经历一个从一般性到生动性表现的发展过程。但是，幼儿自身不能完成从一般性表现到生动性表现的提升，也不能完成从目的性角色行为到嬉戏性角色行为，再到更高水平的目的性角色行为的回归。因此教师对幼儿的表演游戏进行指导具有必要性。

选择内容是表演游戏中的一个必要环节，游戏内容是否适合幼儿的年龄、心理特点，直接影响幼儿参与游戏的积极性。凡是幼儿熟悉并喜欢的故事、童话、诗歌等幼儿文学作品及幼儿周围生活中有趣味、有意义的人和事都是幼儿表演的基本素材，同时故事中的角色要个性鲜明、情节简单，有趣味、动作性强，对话多次重复、语言朗朗上口，易于为幼儿掌握和表演，有集中的场景，易于布置。道具要简单，可以利用现成的桌椅、积木、胶粒拼图及实物等。

为幼儿创设必要的游戏环境，是幼儿顺序开展表演游戏的先决条件。日常进行的表演游戏，可以在活动室中用小椅子、小桌子或大的积木围起来设置小舞台，角色相对少的表演游戏也可以有一个较固定的表演区，布景应简单方便，避免过大、过重、过烦，更不能妨碍表演，只要能烘托情景、渲染气氛即可。有条件的幼儿园可以融入多媒体技术，创建光影音融合的表演舞台。为了更好地表现角色的外形特征和个性特点，教师要引导幼儿在表演游戏时，根据作品的要求进行适当的角色造型，鼓励幼儿大胆想办法出主意参与道具的制作，这样更容易激发他们的游戏兴趣。

表演游戏的教师指导可分为 3 个环节。①在游戏初期，幼儿可能对游戏的串联有些困难，常常有脱节或者游戏中断的现象。此时教师可以自己或者请能力强的幼儿充当旁边的角色，提示幼儿故事发展的线索或相关情节，幼儿可以根据旁边的提示做出相应的肢体动作并进行对白。②在游戏中期，教师要引导幼儿表现特定的情景。首先，教师要有重点地观察，了解幼儿在游戏中的水平或特定需要并适时、适度地提供帮助（比如角色提示、材料支持等）。其次，在游戏中教师要注意引导幼儿合作、协商进行有创意的表演，放手让幼儿去尝试和创造，同时要注意避免能力过强的幼儿经常做主角的情况。再次，教师应该帮助幼儿提高表演技能，包括口头语言表达技能和形体表演技能。最后，组织幼儿开展表演游戏的讨论。幼儿表演游戏水平的提高并不是教师“告知”或“手把手教会的”，而是通过幼儿伙伴之间的相互作用，通过讨论、提议和采纳他人建议而获得的。教师通过提问引导幼儿反思自己的活动，发现其中存在的问题并寻找问题解决的办法，从而推动游戏活动不断向前发展。③在游戏后期，教师要鼓励幼儿展示自己的表演，并给幼儿提供更多的展示机会，让幼儿体验成功的喜悦，提高参与表演游戏的乐趣。在游戏开展的过程中，教师应该注意记录幼儿活动的过程及其结果，包括幼儿的各种作品、所收集和使用的有关物品和材料、幼儿在游戏过程中言谈及行为表现的描述等，如图画、实物、照片、录音、录像、文字说明等。在表演结束之后，教师可以适当引导幼儿开展讲评环节，通过评价和分享拓宽幼儿的思路，丰富幼儿的经验。

总之，表演游戏从“一般性表现”到“生动性表现水平”的提升是一个发展的过程，它需要时间，需要“重复”和“练习”，“重复”是幼儿学习的特点，幼儿也喜欢重复。但是重复不是简单地重复，要维持幼儿对活动的兴趣，必须使重复中具有新意和挑战。

三、表演区工作标准

（一）内容选择

1．根据幼儿的年龄特点，选择适宜于不同年龄段的作品。
2．表演区的活动内容应该是幼儿较为熟悉的作品或者事件。

3. 故事情节起伏变化明显，作品的情节简单明确、重点突出，节奏轻快，易于理解、记忆和表演。

4. 角色形象鲜明、性格特点突出，对话、动作及心理活动生动有趣，容易用动作表演出来。

5. 注重作品的审美价值，选择兼具“思想性”和“文学性”的作品。

6. 创造条件让幼儿多阅读和欣赏故事、诗歌和音乐等，丰富幼儿主题选择的内容。

7. 尊重幼儿的意愿，让幼儿根据自己的爱好和对文艺作品的理解进行选择。

（二）环境创设

1. 根据男女幼儿的平均身高来确定活动面积，保证有充足的空间来开展表演游戏。

2. 表演区应该远离阅读区、美工区等相对安静的区域，以免造成干扰。可以将表演区与建构区、角色区等放置在一起，增加活动的内容，增强互动效果。

3. 合理利用幼儿园有限的空间资源，如将墙面、地面、橱柜、走廊及户外场地等作为表演区的背景。

4. 教师先和孩子一起商讨表演区规则，创设规则牌，并隐性提醒孩子们遵守游戏规则，爱护物品、离开区域前要把物品放回原处。

5. 制作表演区材料标签，贴在对应的柜子、衣架或篮子上，提示幼儿游戏结束后进行有序整理。

6. 教师为幼儿准备封闭或半封闭的空间，且在一定时间内固定，培养幼儿的认同感和安全感。

7. 表演区场地布置应该尽可能简单，避免分散幼儿注意力。

8. 提供可以随时观看动画的多媒体设备，为幼儿的表演游戏提供素材。

（三）材料投放

1. 教师为幼儿提供多样性、开放性和多元化的材料，满足幼儿自由选择不同和相同材料的需求。

2. 根据幼儿的年龄、身心特点提供不同层次的游戏材料。如小班幼儿年龄小，喜欢进行简单的扮演和敲敲打打，教师可以提供一些小动物头饰和动漫角色的装扮材料，简单的道具和乐器，避免幼儿因为要用同一材料而出现争抢。中班幼儿表演的欲望更强，会随着表演的主题简单地加工和使用辅助材料。教师可提供一些半成品给幼儿，引导他们尝试在力所能及的范围内完成简单的创作。大班幼儿有着丰富的想象力和创造力，以物代物能力更强，教师可以为幼儿提供更多的原始材料，激发他们充分发挥想象力和创造力，产生自主设计、制作道具和游戏材料的愿望，促进其成为游戏的主人。

3. 根据幼儿的兴趣和需要，灵活地更换和增添游戏材料。

4. 根据不同能力水平和需要，鼓励幼儿在游戏过程中主动寻找合适的游戏材料。

5. 随着游戏的发展，增加低结构材料的投放。

6. 启发诱导，激发幼儿产生使用辅助材料的愿望和积极性。

7. 正确使用辅助材料，与幼儿一起制作游戏道具，以物代物。

8．投放多功能的游戏材料，开发表演材料的一物多玩、一物多用的潜力。

9．表演区应该投放镜子，它是幼儿装扮自己的必要条件。

10．可为幼儿提供一些故事中常见人物或动物的头饰。

（四）教师指导

1．教师在介入指导之前，应该观察幼儿的活动情况，适时介入。

2．针对幼儿在游戏中存在的问题，选择恰当的时机参与到幼儿的活动中去。

3．为幼儿树立榜样，以强带弱，引导能力相对弱的孩子观察、模仿学习，体验表演的成功与快乐，逐步树立自信心。

4．教师为幼儿讨论营造民主平等的气氛，不断激发幼儿思考，让他们发现自己的问题，并提出解决问题的方法。

（五）游戏评价

1．教师评价。

（1）幼儿在游戏中是否存在争先扮演自己喜欢的角色、只顾自己扮演而忽略他人等情况。

（2）幼儿在游戏中是否具有动作和语言方面的模仿能力。

（3）幼儿在表演时是否根据自己对作品的理解，在语言、动作和道具使用上进行增添或改动，进行创造性的表现。

（4）幼儿在表演游戏中是否能与同伴合作进行游戏。

（5）幼儿在表演游戏中对角色的表现力如何。

（6）幼儿在表演游戏中是否具有独立性和主动性。

（7）幼儿制作、设计布景道具和场面布局的能力如何。

（8）幼儿在表演游戏中的计划性和组织性如何。

2．幼儿自评与互评。

教师可以提前将幼儿在表演游戏过程中的表现录下来，并在游戏之后再现，请幼儿一起观察后进行评价。

（1）引导幼儿反思自己在游戏中表演的情况，表达自己的想法。

（2）幼儿分享在游戏中遇到的问题，自己或团体是如何解决问题的，为其他幼儿提供参考。

（3）引导幼儿欣赏同伴的创造性表现。

四、表演区工作范例

大班表演游戏——小猫盖的新房子

配套材料

金色池塘布景，小猫、小猪、大象、小狗、小熊的服饰或者头饰各1个。

园所自备设备

穿衣镜一面，音响一套，桌子一张，凳子、积木若干。

活动目标

1. 尝试用各种动作、表情表现小动物们及其工作、玩耍时的情景。
2. 了解故事表演的入场、出场顺序以及台词和旁白的不同。
3. 能够根据剧本自由分配角色，在各个场景中大胆表现，体验表演的乐趣。
4. 在表演过程中能够主动地思考问题和解决问题，比如道具、场景设计等。

活动过程

1. 欣赏与感知：通过亲子阅读和聆听故事，熟悉故事的主要情节、角色等，充分感知各个角色的语言对白。

2. 理解与表达：幼儿通过观看视频，观察模仿各个角色的表演、造型等，根据自己对各个角色的理解，通过语言、动作、表情等表达自己的想法，尤其是故事中小猫的心理变化过程的表现。

3. 探索与创作：结合故事的内容和前期的探索，幼儿之间进行角色分配，尝试练习对白，并结合角色的特点配以动作。通过幼儿之间的合作探索，尝试练习走位、表演。

4. 故事表演：经过前期的充分感知、表达与探索，幼儿已经充分了解剧本的内容，可适当加入音乐，进行分阶段的表演和总演出。

观察与指导

1. 欣赏与感知阶段，教师应充分关注幼儿对故事本身的认识和理解，采用多种方式帮助幼儿熟悉故事的主要情节，比如鼓励亲子阅读、教师有感情地朗读、在一日生活的环节中播放故事等，使幼儿清楚地掌握各个角色和场景。

2. 理解与表达阶段，关注幼儿对整个故事的理解，结合视频引导幼儿观察各个角色的动作、表情等。尤其是关注各个场景的重难点，比如：场景一关注动物们帮忙的动作，表现齐心协力；场景二关注小猫与动物们的对话及表情；场景三关注小猫的心理变化等。

3. 探索与创作阶段，观察幼儿之间的角色分配、对白语言等，尤其是各个角色之间的合作表演，鼓励幼儿利用自己的方式进行表达。

4. 故事表演阶段，教师以观众身份或者导演身份介入，引导幼儿关注表演的细节，比如环境的布置、音乐的配合、出入场顺序等。根据幼儿排演的情况，开展班级故事表演会。

《小猫盖的新房子》故事脚本

背景布置：金色池塘布景。

道具准备：小猫服饰、小猪服饰、大象服饰、小狗服饰、小熊服饰。

角色准备：大象、小狗、小猪、小熊、小猫。

场景一　池塘边的一块空草坪上——努力干活动作，齐心协力

旁白：小猫要盖新房子了，好伙伴听说了，都来帮忙。

大象：我帮小猫盖新房，心里真呀真快乐，哼哟哼哟，加油干，房子一会儿就盖好。

（边拿积木边说）

小狗、小猪：我帮小猫盖新房，心里真呀真快乐，哧啦哧啦，加油干，房子一会儿就盖好。（边做锯木头状边说）

小熊：我帮小猫盖新房，心里真呀真快乐，叮当叮当，加油干，房子一会儿就盖好。（边对着积木盖的小房子做钉钉子状边说）

旁白：不一会儿，房子就盖好了（大家将积木拼搭成房子）。汗水湿透了朋友们的衣衫，可大家觉得一点也不累。

众动物：房子盖好咯，房子盖好咯。（高兴地拍手跳起来）

小猫：谢谢大家，等我把房子装饰好，一定请大家来做客。

（大家高兴地点点头，与小猫告别回家）

场景二　小猫的屋子——小猫与动物的对话

（小猫在墙上贴了一层奶白色壁纸，屋里亮堂多了；小猫给玻璃窗挂了一个鹅黄色窗帘，屋里的光线变柔和了；小猫在地上铺了花地毯，呀，走在上面真舒服）

旁白：好多天过去了，小动物们来到小猫家门口。

众动物：小猫，今天可以到你家做客吗？

小猫：不行，不行，现在正在下雨，你们会把新房子弄脏的。

旁白：好多天过去了，小动物们又来到小猫家门口。

众动物：小猫，今天不下雨了，可以到你家做客吗？

小猫：不行，不行，你们没看见天正在刮风嘛，你们来会把新房子弄脏的。

旁白：又好多天过去了，不下雨，也不刮风，太阳红红的，天气暖暖的。小动物们再次来到小猫家门口。

众动物：小猫，今天不下雨，也不刮风了，天气暖暖的。我们可以到你家做客吗？

小猫说：请到我家来做客吧！

（大象、小狗、小猪、小熊高兴极了，动物们正准备进屋，却被大象拦住了）

大象：小猫家铺了地毯，今天我们就不进去了，下次我们带着干净鞋子来吧。

（动物们各自回家）

场景三　小猫的屋子——小猫的心情变化

旁白：这天，大家又来到了小猫家门口，有的夹着新鞋，有的包着刚刷过的干净鞋，笑嘻嘻地向小猫问好。

（动物们开始换上新鞋子，刚要进门，却被小猫拦住了）

小猫：（端来一盆水）穿鞋会踩坏地毯的。大家脱了鞋，洗洗脚再进去吧！

大象、小熊：（看看自己的脚，又看看那个小脸盆，摇了摇头）算了，我们不进去了！

小狗、小猪：（看了看大象和小熊）我们也不进去了，要不咱们一起去草坪上玩吧。

（大象、小熊点点头，与小狗、小猪跑到草坪上玩起了捉迷藏的游戏）

旁白：从此，小动物们再也不愿意去小猫家玩了，陪伴小猫的只有她那座新房子。没有小伙伴陪伴的小猫觉得孤单极了，她每天都坐在窗台前闷闷不乐。

小猫：（叹口气）哎，都是我不好，不该这么讲究，害得大家都不愿意与我做朋友了。

旁白：这天，小动物们又来草坪上玩耍了。小狗、小猪把大象鼻子当成滑滑梯，从上面“嗖”地一下往下滑，小熊跳着舞，别提多开心。

小猫：（轻轻地打开门，看着草地上的小动物们羡慕极了，自言自语地说）要是我能跟他们一起玩该有多好啊。

众动物：（一起朝着小猫招手喊）小猫，快来跟我们一起玩。

小猫：（不好意思地低着头，轻轻地说）我……请你们到我家里来玩吧！

众动物：你不怕我们弄脏房子，踩坏你的地毯了吗？

小猫：（迫切地请求）没关系，我不怕，我不怕。你们来吧。

众动物：（一起跳着）嗬，太好了，我们可以去小猫的新房子里玩了。

旁白：小猫、小熊、大象、小狗、小猪一起快乐地跳着舞，还引来了附近的其他小动物。从此，小猫的家变得热闹起来，她再也不觉得孤单了。

第六节　建构区活动指导和环境创设工作标准

一、概述

建构区被誉为“塑造工程师的地方”，是幼儿进行建构游戏的主要场所。在建构区内，幼儿动手动脑、发挥想象力，通过对不同建构材料进行观察、操作、搭建，创造性地反映现实生活。建构游戏不仅能丰富幼儿的感知经验和主观体验，发展幼儿的动手能力和建构技能，更重要的是能使幼儿在协商、谦让、轮流的游戏氛围中，学会分享和合作，尝试开拓与创新，体验成功与挫折，从而实现幼儿个性的全面和谐发展。

未来幼儿园的建构区应更加关注“人生来就是有差异的”。每个幼儿都不相同，所以，把他们长时间地限制在同一个空间中，要求他们在同一个时间做同一件事情、持同一种思想，是很不智慧的。幼儿的差异性不仅是合法的，更是有价值的，能否容纳差异性，能否造就各具个性的人格，是一个社会是否文明、进步的标志。既然幼儿各不相同，教育就有责任为每个幼儿提供适合他成长的环境和条件。

小班幼儿的建构活动是无意识、无目的的，他们只对搭建的动作感兴趣，例如搭积木，而不在乎搭出什么，也不会利用积木开展游戏。小班的幼儿通过搭建，在操作中探索、学习建构技法，尝试建构形状简单的物体，并表现其主要特征，如房子、门、桌子等。对于小班的建构活动，教师应该建立搭建积木的规则，如轻拿轻放，不乱扔，玩后要收拾整理等，并教给幼儿收拾整理积木的方法。

中班的幼儿开始有目的有顺序地搭建，并学习与同伴合作，共同搭建一个作品。此时教师可以增加中班幼儿有关造型的知识和训练，例如学会选择长短、宽窄、高低、厚薄不一的积木搭建不同的物体，也可以尝试提供积木造型图，让幼儿按图搭建。

大班的幼儿已经具备一定的独立建造能力，活动前能进行一定的设想和规划，并能通过分工、合作完成一个较为复杂的搭建。此时，教师可以引导幼儿进行大型建构活动，鼓励并发展幼儿的想象力、创造力，以及集体观念和团队精神，引导幼儿克服困难，及时提供建构所需的材料。

二、建构区工作流程

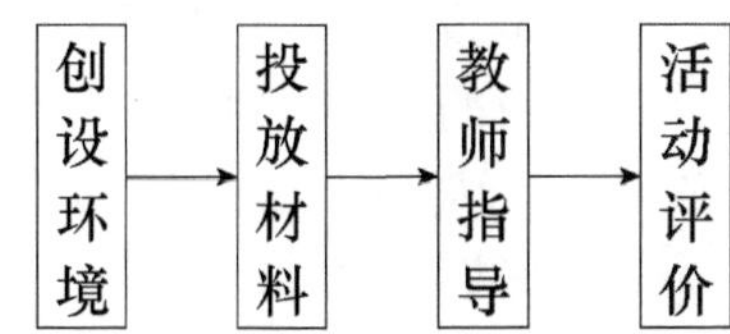

（一）创设环境

1. 空间布局。

首先，幼儿的建构活动需要的范围较大，所以在布局时，要注意适当的空间密度，避免过分拥挤。其次，建构活动属于相对喧闹、操作性较强的活动，它是能激发幼儿的社会性交往、语言发展、互动能力的小组游戏，因此，建构区的选址要与相对安静、操作性较低的区域分开，以免幼儿在活动中干扰到其他区域。

2. 墙饰布置。

墙面环境作为隐性教育手段，具有引导幼儿自主学习的作用。它可以给予幼儿一些感知具体形象的内容，帮助幼儿通过感知获得表象，进而进行再造想象，发展知觉和象征能力。

3. 地面设置。

幼儿在搭建时大多会跪下来或坐下来操作，所以建构区要用泡沫垫、地毯等做地垫。一方面有利于保护幼儿的安全和衣服的卫生，另一方面也能保证玩具的卫生与不破损，有利于循环使用。

（二）投放材料

1. 建构区的材料选择。

建构区的材料很多，一般来讲，可以划分为主体材料和辅助材料。选择材料时要注意适宜性。由于幼儿活动兴趣、能力发展的变化，所选择的材料要进行相应的调整。小班幼儿的手部小肌肉发展不健全、精细动作程度较低，他们喜欢借助具体形象的物体重复建构，边搭边玩，操作带有情境性。因此，教师可以提供小型的建构材料，让幼儿运用组合、拼插、排序、对称等建构技能，尝试培养幼儿的平衡、配色等能力。中班幼儿肌肉进一步发展，思维能力增强，选择的基础材料可以有中型的雪花片、实心积木、乐高、百变积木等，以及一些半成品或成品的辅助材料，例如车、动物玩具、纸杯、纸盒等。大班幼儿手指肌肉快速发展，喜欢追求与众不同，活动的目的性和意图性不断增强。因此，对选择的材料在空间构造能力上要求较高，不但要提供丰富的高低结构材料，还要根据游戏情节的发展不断调整和增减辅助材料，满足幼儿创造的需要。

2. 建构区的材料投放。

首先，针对幼儿的年龄特点、兴趣投放材料。兴趣是吸引幼儿积极参与活动的强有力动力之一，它可以增强幼儿的探索欲望，主动思考各种问题，从而发展各方面能力。教师需要深入观察了解本班幼儿的年龄特点和兴趣爱好，使材料投放更具有针对性。

其次，针对目标、幼儿不同能力差异投放材料。活动目标是创设建构区、投放建构材料的依据，也是教师观察、指导、评价幼儿活动的依据，因此材料的投放应基于目标。教师应该有目的、有计划、有针对性地投放、变更和调整建构材料，了解幼儿已掌握和能掌握怎样的建构技能，从而投放相应的建构材料。

最后，针对主题式情境投放材料。幼儿的心中有个想象的“建构世界”，教师需要提供一个自主游戏、自主创造的环境，让幼儿尽情展现多姿多彩的想象力。主题式情境的材料投放，能激发幼儿的想象力和创造力，调动幼儿的游戏积极性，推动游戏的情节发展。

（三）教师指导

1．游戏前的指导。

幼儿的搭建经验往往来源于生活经验。首先，在平时教师要注意引导幼儿观察周围物体的形状、结构，丰富其对物体的印象。其次，帮助幼儿认识、了解建构材料的形状、颜色、大小等特征，尝试选择并灵活使用不同的材料去创造物体。再次，引导幼儿学会积木不同的排列组合方式，如拼插、镶嵌等，以及保持物体平衡、物体造型等方面的技能。最后，随着幼儿年龄的增长，他们开始出现合作意识和合作行为。教师要帮助幼儿在建构活动中学会分工、合作和协商，共同完成任务。

2．游戏中的指导。

（1）观察。教师细心的观察是指导幼儿活动的前提和基础。通过观察幼儿的建构活动，教师可以了解幼儿已掌握的能力和有待发展的能力，以此来计划自己接下来该采取的指导行动，从而扩展幼儿的经验和思维。

（2）角色介入。在游戏中教师发现问题时，应及时介入和激励。教师投入幼儿创造建筑的活动中，化身为幼儿感兴趣的角色，例如搬运工、建造师、设计师、工地老板等，避免生硬和唐突地介入。幼儿乐于接受这些建构角色，也更乐于接受这些角色提出的意见和建议。

（3）图示。“我不会”应该是幼儿在建构游戏时经常面对的问题，要请求教师的帮助。3～6 岁的幼儿还停留在具体形象思维的阶段，教师仅仅通过语言描述很难对幼儿的思维造成影响。教师可以通过与幼儿一起观察建构物体的图片，找到物体的特征，帮助幼儿形成一个明了的搭建思路，实现有效的建构指导。

3．游戏后的指导。

分享经验，提升幼儿的游戏水平。经验包括建构游戏中的分工与合作、技能的运用、材料的选择等方面，教师可以组织个别、小组、集体活动，通过让幼儿交流讨论，将有效的游戏经验在游戏结束后分享给其他幼儿。

适宜评价，快乐游戏。面对幼儿在游戏时的失败和不足，教师要积极正面地评价，使用幼儿易于接受的话语，帮助幼儿在快乐游戏的基础上改进建构方法，累积经验，让幼儿对下次游戏充满期待。

（四）活动评价

教师可以使用以下几种方式进行。①反映式评价：是教师对本次活动中的有关现象进行阐述，分享幼儿在建构游戏中的创意和亮点。这种评价可以结合游戏现场拍摄的照片进行，帮助幼儿获得直观的感受。②问题式评价：由幼儿或教师提出建构方面的问题，大家一起思考并提出解决的办法、改进的策略，以便下次游戏中获得更多的经验。③作品欣赏式评价：师幼共同欣赏建构的作品，学习优秀的搭建方法和布局。④跟踪式评价：建构游戏是一个持续的过程，跟踪式评价可以结合图文、持续记录展示幼儿的发展轨迹。教师在此过程中也可以不断调整方案，提高建构的能力。⑤自助图表式评价：教师预先设计图表，幼儿自主完成评价。

三、建构区工作标准

工作流程	工作标准
创设环境	1．空间大、宽敞。
	2．具有动态性，能随时调整。
	3．区域内要有保留、展示建构作品的空间。
	4．地面有铺设物，保障幼儿游戏安全。
	5．有与幼儿年龄、建构主题相呼应的环境布置。
投放材料	1．投放丰富的、富有探索性的材料。
	2．提供不同层次的建构材料，满足不同水平幼儿的需要。
	3．根据幼儿对建构材料操作的情况，及时对操作材料进行调整。
教师指导	1．启发幼儿大胆尝试运用多种方法、多种材料进行建构。
	2．注意提醒幼儿在活动中珍惜他人的建构成果，不故意毁坏。
	3．关注独特幼儿，善于鼓励、启发、引导。
	4．细致观察幼儿的活动行为，了解幼儿的需要和发展水平。
	5．创设恰当的问题情境，在活动过程中给予适时适度的指导。
	6．允许幼儿试误，引导幼儿自主寻找解决问题的办法。
活动评价	1．及时采用积极、多样的评价方式。
	2．能激发下一次游戏的欲望，引发新的探索活动。
	3．帮助幼儿提升经验，促进其发展。

四、建构区工作范例

幼儿园中班建构区活动案例分析①

情景再现

中班的楚楚、小东、豆子、果果等9个小朋友进入建构区开始游戏，每个孩子根据

① 向阳，2018．教师科学引领　儿童自主游戏：幼儿园中班建构区游戏活动案例分析［J］．湖北教育（政务宣传）（7）：42-43．

墙上张贴的建筑图片各自搭建。突然，果果大声地指责身边正在搭桥的豆子："你的积木拿得太多了！"豆子不甘示弱地回答："我要搭世界上最长的桥，当然要用很多积木啊！"这时其他孩子的注意力也被吸引，纷纷议论起来……老师询问过后提出建议："干脆我们一起来搭一个大建筑吧，就搭中心广场怎么样？"孩子们把积木全部利用起来围成了一个大大的圆圈，足以容下七八个人，孩子们在搭好的广场内嬉闹起来。老师再一次走过来："广场上还可以有很多玩具和设施吧？你们想想还可以搭什么？"楚楚说："还可以搭滑滑梯、转椅！"果果说："还有蹦蹦床！"老师满意地点点头道："你们赶紧去把这些搭进去好吗？"然后转身去了别的区角。孩子们你望望我，我望望你，小东嘀咕了一句："蹦蹦床怎么搭？我不会！"其他小朋友纷纷附和："我也不会，没有材料搭不了。"不知谁说了一句："我们还是在广场上做游戏吧！"就这样，在圆圈里跳进跳出的游戏又开始了，小朋友们玩得不亦乐乎，早忘记了老师的要求。

分析：游戏为什么玩不下去？

以上案例中，教师在游戏中能利用图片营造游戏环境，关注、观察幼儿，对他们的游戏行为有一定分析，能够适时介入，抓住主题引领游戏开展。但还不能科学结合中班幼儿年龄特点，了解幼儿真实游戏愿望，提供多样的游戏辅助材料和深入指导，且指导方法单一。

"儿童的智慧源于材料。"区角活动的教育功能主要通过材料来表现。区角活动材料越丰富，形式越多样，幼儿在操作过程中就会变得越聪明、自信、大胆。中班建构区采用的建构材料——单元积木，数量充足，形状多样，基本满足中班幼儿在建构时的需求。但当幼儿想在广场上搭建滑梯、转椅时，除了单元积木外，幼儿找不到其他材料来辅助搭建这些小型建筑物，最后导致他们失去活动的兴趣，也就不愿意再投入到建构游戏中。

幼儿第一次出现争执时，教师及时介入，当发现是因为积木数量无法更好分配时，能够马上抓住"中心广场"这一主题吸引幼儿兴趣，转移关注点，是个不错的方法。教师尝试让幼儿合作搭建广场，促进了幼儿对材料的创造性运用，有一定的教育智慧。但是接下来的过程中教师并没有适时抓住主题让幼儿结合生活经验进行交流分享，以至于他们只能用积木搭建出一个大圆圈，之后游戏便无法继续延伸下去。

当幼儿开始跳进跳出地嬉闹时，教师第二次介入，意识到幼儿在游戏过程中遇见了困难，及时组织幼儿进行了关于"中心广场上还有什么"这一经验的交流和分享，弥补了幼儿经验的不足，给他们提出了建设性意见。幼儿最终找到了游戏持续开展的支撑时，却因为教师辅助材料的不足和适时指导不够而导致游戏终结，转而又去嬉闹。

反思：真正激发幼儿建构兴趣

皮亚杰说："建构游戏既包括了感觉运动技能，又包括了象征的表现。"从建构游戏的特点来看，它结合了运动游戏、角色游戏、规则游戏的特点，教育目标的达成渗透在幼儿发展的方方面面，能够促进幼儿认知能力、审美能力、运动能力、个性与社会性发展。

抓住年龄特点，激发建构兴趣。中班幼儿的建构水平较之小班有了较大的提高，创造能力开始释放，建构意图开始清晰。幼儿的社会性处于良好的发展状态，在以上案例中能够看出，有的幼儿互相帮助，也有的互相“博弈”，更有关于生活经验的交流共享，在这些经历中，幼儿的个性慢慢彰显。此时，教师应提供充分的材料支持和经验辅助，努力创设出开放多元的游戏环境，激发幼儿建构兴趣，积极投入到建构活动中。

丰富材料准备，搭建创造平台。中班建构区里，除了提供数量充足、形状多样的单元积木外，教师还应根据幼儿平时建构活动中出现的新问题或稀缺元素，预备丰富的辅助材料，如纸盒、纸筒、弯管、易拉罐、饮料瓶、建筑标识牌等。开放性的材料支持还包括和活动室内美工区角联动，当建构游戏需要时，可将美工区的自制材料添补到建构区中，如小树、路灯、人、小汽车等。

利用主题引领，打造快乐游戏。中班孩子在建构游戏中常常会出现重复搭建的现象，教师应根据幼儿学习生活经验创造性地利用各种不同主题，引领幼儿快乐积极地参与到建构游戏中。这些主题可以来源于以下几个方面：一是集体教学活动中的已有主题；二是幼儿最近生活中热议的主题；三是和孩子商议出生活中最喜欢的场所；四是家乡的标志性建筑。

结合图示引导，进行多元指导。在建构游戏中，教师要学会适时利用图示，引导幼儿有目的地观察、分析、比较，从而掌握建构技能、分享建构经验，并对幼儿进行科学可续性评价。图示引导涵盖 3 个方面的内容：一是教师可利用图示将幼儿的设计图、创意图以及成品、半成品作品展示出来，增加幼儿的成功感，激发游戏兴趣；二是教师可将建筑物搭建方法的重难点用图示展示，帮助幼儿突破困难，如天坛搭建中，三重檐的大小不同的提示；三是幼儿之间的经验交流和评价，教师帮助幼儿把前一次成功的构建以图示的方式展示出来，和同伴之间分享交流，能力较弱的幼儿还能借鉴图示尝试构建。

尝试师幼讨论，营造开放环境。在建构游戏中，我们首先要做的是敏锐地观察每个幼儿在游戏中的点滴变化，了解他们的兴趣点与游戏需要，科学合理地介入、支持幼儿游戏。教师要营造开放式游戏环境，多尝试提问、讨论、师幼交流、幼幼互动等形式，促进幼儿养成积极的思维方式，提高幼儿解决问题的能力。在以上案例中，幼儿搭完中心广场后游戏无法深入下去，需要教师的介入和支持。这时教师可以让幼儿相互介绍自己见到的设施和玩具，共同分享知识经验，同时还能引导幼儿分析一下怎样搭建这些设施玩具，这才是推动幼儿游戏发展的有效手段。

第七节　科学区环境创设与活动指导工作标准

一、概述

科学区是幼儿进行自主探索的一个非常重要的区域。科学区是指在班级教室内为幼儿创设的、可以自由进行实验操作和科学探索的空间。幼儿园的科学活动应该形式多样，充满自主选择机会。

未来幼儿园发展的是现代教育，以幼儿为中心，追求能力本位。未来教育有责任为幼儿提供一个丰富、宽广的空间，使他们能按照自己的成长规律和特点，选择不同的材料。小班幼儿刚进园不久，观察探究能力受自身水平的限制，如和同伴较陌生，语言表达能力差，不能清楚地表达自己观察到的内容等。小班的科学区活动应更贴近幼儿生活，更具游戏性，启发幼儿思考，建立知识经验，尝试与同伴合作交流，让幼儿与科学做朋友。小班的科学区可以单独设置，也可以和玩具区、沙水区、操作区等结合起来设置。

中班与大班幼儿的主动性和探索兴趣都有了很大提高，因此中班与大班的科学区应该更突出活动的可操作性、趣味性和游戏性，要为孩子提供充足的活动材料和空间以进行科学探索，满足孩子的好奇心和求知欲，让孩子亲历“科学探究”的过程。

二、科学区工作流程

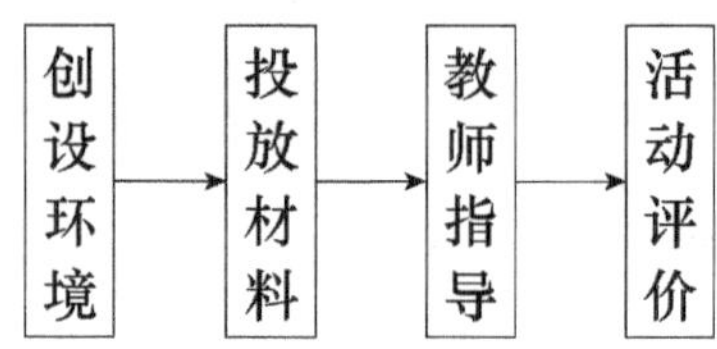

（一）创设环境

1．科学区的位置选择。

科学区的活动丰富多样，有的需要光照或黑暗，有的需要电，有的需要水，所以，科学区最好靠近光源、电源和水源，或者有特别的配备装置。此外，幼儿在探索科学区的各种材料时需要专注、投入、动脑筋思考，因此，科学区最好远离角色区等相对吵闹的区域。

2．科学区的主题选择。

一般来说，活动区域面积较大，尤其是人均面积较多的幼儿园班级，创设科学区就容易一点，可以按不同的主题创设科学区，例如可以有植物角、沙水角、光影角、发现角等。相反，人均面积较少的幼儿园班级在选择主题时可能就需要与其他区域综合起来布置，例如可以把自然角和科学区相结合，也可以把语言区、数学区与科学区整合为益智区。

3．科学区的布置。

有足够空间大小的班级，教师还需要放置开放性储物柜收纳摆放科学区的各种材料，小型操作材料如干电池、小灯泡、磁铁、电线等可以按主题存放在贴有物品标签的盒子或框子里，按类型整齐摆放在储物柜中。根据科学区活动类型的不同，教师可以按照实际需要放置开放性的低矮储物柜或高一点的封闭储物柜。低矮的开放性储物柜方便幼儿自行拿取材料，有利于幼儿自主的探索活动，科学区应该多选用这一类储物柜。但是，随着活动的开展和深入，材料会不断增加，所以教师有必要选择一部分稍微高一点的封闭储物柜。幼儿需要在教师的指导下使用的材料，可以放置在高一点的储物柜中，或根据活动安排，分阶段、主题有序调整材料的呈现方式。

科学区的墙壁，可以张贴材料说明图和实验操作步骤的示意图，也可以粘贴或悬挂部分操作材料。根据主题，还可以张贴幼儿的实验记录表，有一些传声筒实验材料、弯管实验材料可以直接固定在墙上。

（二）投放材料

1．科学区的材料选择。

材料是科学区创设的关键，材料的种类、数量、质量、材料之间的结构关系直接影响到教师科学活动的开展和幼儿的探索热情，因此，教师应该尽可能多地投放材料，丰富活动内容。

选择材料时需要注意：第一，要安全，不能有不卫生、有毛刺、缺角的物品和太小的零件。第二，可操作性强，富有变化。科学区的材料不是用来摆设的，不需要过于强调好看，也不要投放太多无法摆弄的成品，应尽可能符合所有幼儿喜欢自主探索动手做的特点，提供具有操作性、富有变化的材料。第三，经济、实用，多选用废旧物品和自然材料。科学区的有些材料是必须要购买的，例如电池、灯泡、放大镜、电线、磁铁等，但绝大多数材料能够在日常生活用品或周围环境中找到，有的还可以循环利用，既经济实用，符合环保的理念，又符合现阶段我国幼儿园的现状。

2．科学区的材料呈现。

科学区的材料越丰富越好，但对于幼儿来说，一次性呈现的材料却不是越多越好。如果把所有的材料杂乱地堆在盒子里交给幼儿，或者杂乱无章地放在桌上，会让幼儿无从下手，甚至有可能会让他们把用来探索实验的材料变成打闹玩弄的玩具。因此，材料最好是按计划循序渐进地分阶段呈现。另外，材料能物化科学探索的目标，教师需要多考虑材料的呈现方式，一次性呈现给幼儿的材料应该有序、整齐，这样既能体现清晰的目标指向，又能激发幼儿探索的兴趣。比如，当教师把灯泡、电线、干电池等相关材料放在一个盒子里，不掺杂其他无关材料时，幼儿拿到材料自然就能开始探索如何让灯泡亮起来，这就是材料物化了科学探索的目标。但是，如果在盒子里再放入放大镜、拼图、剪刀等材料，幼儿就会失去探索目标，不知道该做什么。所以，在呈现材料时，要排除干扰物品和一些不必要的点缀，直接引导幼儿指向有意义的探索活动。

必要时，可以利用计算机信息技术、采取多媒体教学手段为幼儿营造身临其境的科学探索氛围，多方位地刺激幼儿的感官，使幼儿在特定情境中获得有关科学探索的生动、形象、具体的表象，并感受到特定的气氛，活跃幼儿的思维，激发幼儿科学探索的兴趣。

（三）教师指导

1．科学区的活动应密切联系生活活动和主题教学活动。科学区活动可以安排在主题教学活动之前，为主题教学活动累积经验，也可以安排为主题教学活动之后的延伸活动，充分满足每个幼儿发现、探索、操作的欲望。生活即教育，无论是幼儿园生活还是家庭生活都蕴含了很多教育契机，教师和父母都应该抓住契机，创造、鼓励和支持幼儿在日常生活中进行科学探索，并与科学区的活动形成照应，保证科学区的活动有趣、有效、有新意。

2．科学区活动的教师指导应该以观察幼儿为前提。教师如何能有效指导幼儿的科学活动呢？由于每一个教师和幼儿都有巨大的差异性，因此没有一种方法是普遍适用的。如果一个教师没有对自己班级幼儿的活动行为进行认真的观察和分析，就不可能进行有效的科学区活动指导。所以，科学区活动指导的前提是教师对幼儿活动行为的观察。

3. 显性指导和隐性指导相结合。显性指导是教师参与幼儿活动，直接给予幼儿教导、建议、问题答案等；隐性指导是教师间接参与幼儿活动，根据活动的需要提供材料、改变材料的组合方式等。在幼儿遇到问题时，教师不要立马上前帮助，应该学会观察和等待，让幼儿有反复试误的机会，让他们能体验到通过自己的努力获得成功的喜悦。

4. 组织讨论和交流。在幼儿结束科学区活动后，教师可以组织幼儿对科学探索活动进行讨论和交流：一方面可以让幼儿彼此分享经验，增长知识，促进思考，提升思维能力和语言表达能力；另一方面可以让幼儿相互间彼此影响，让更多的幼儿喜欢科学探索，感受到科学的魅力。

（四）活动评价

1. 注重倾听。教师要在活动过程中认真倾听幼儿的谈话，观察幼儿的行为表现，判断幼儿的发展阶段和水平，确定评价的侧重点。

2. 采用自评、他评、互评相结合的评价方式。比如，在科学区活动中，请幼儿自评在探索过程中遇到的困难和问题，再通过小组互评交流他们解决问题的办法。

3. 评价形式多样化。教师可以把幼儿在活动中表现出的闪光点以提问的方式提出来让大家讨论；针对探索结果可以利用验证的方式进行总结、分享经验；还可以让幼儿互相交流，在交流过程中帮助幼儿梳理关键经验。

4. 教师的语言和态度应该是温柔、中立的。即使教师认为幼儿的想法不正确，也不要立刻指出其错误或进行纠正，可以用“还有其他的办法吗”或“我们可以问问其他的小朋友有没有什么想法”等方式来鼓励幼儿倾听别人的想法，在他评中反思自己的错误。

三、科学区工作标准

工作流程	工作标准
创设环境	1. 科学区的材料应摆放在较矮的开放性储物柜里，以方便幼儿取放。
	2. 储物柜上应贴有标签，干净、不杂乱。
	3. 将同样的材料放在一起，让幼儿学会分类，按序摆放。
	4. 注重情境化设置，尽可能与幼儿共同确定环境布置的主题、材料、作品、风格等。
投放材料	1. 选择幼儿熟悉的材料。
	2. 材料基于幼儿兴趣。
	3. 材料与幼儿已有经验密切联系。
	4. 材料结构性强，具有可操作性、趣味性。
	5. 材料物化教育目标。
	6. 材料支持幼儿自主操作。
	7. 材料种类丰富、数量充足。

续表

工作流程	工作标准
教师指导	1．注重幼儿探究、解决问题的办法。
	2．关注幼儿的表达和交流。
	3．将科学领域与其他领域教育巧妙结合。
	4．了解科学活动内容所包含的科学现象或规律的知识。
	5．把握活动所涉及的科学概念与幼儿经验的联系。
	6．关注幼儿的自主性。
活动评价	1．注重幼儿科学探索的精神和态度。
	2．培养幼儿科学探索的方法和能力。
	3．选择多样的评价方式促进幼儿学习。
	4．评价主体多元，评价对象全面。
	5．评价内容全面、指向性强。

四、科学区工作范例

幼儿园中班科学区活动方案—— 转起来[①]

活动目标

1. 通过游戏体验、感受、理解转动的意思，探索使各种物体转动的方法，体验活动的乐趣。

2. 感受转动给人们生活带来的影响，关注转动在生活中的运用。

活动准备

1. 幼儿第一次探索用的物品：生活中、活动室里常见的能转动起来的物品，包括纸杯、盘子、积木、废弃的光盘、磁带、勺子、筷子、绳子、饮料瓶、呼啦圈、风车等，物品数量多于幼儿人数。

2. 幼儿第二次探索用的物品分组摆放，包括：塑料齿轮玩具，有孔的积木、纽扣、光盘，绳子，牙签，不同形状的、中心用针戳洞的纸片，纸杯、筷子、勺子，两只小碗中各盛半碗水。

活动过程

一、游戏：迷迷转

1. 引题并介绍游戏玩法。

教师：孩子们，我们一起玩迷迷转的游戏吧。游戏的玩法是这样的：大家张开双手，边念儿歌边自转——转转转，迷迷转，转到天空我不动！儿歌结束时就站在原地不动，并做一个与众不同的动作。然后我念数字 1～10。如果我念到 10，大家还能保持不动的话就算胜利。

---

① 袁晶晶，2009．转起来（中班）[J]．幼儿教育（1）：60-61．

2. 师幼一起游戏。

中班幼儿受知识经验所限，有时会将转动与滚动相混淆。我们知道转动是物体围绕着一个轴运动，滚动则是物体整体不断翻转着移动。这个游戏是让幼儿通过自身行动来体验、感受、理解转动。

二、探索让各种物品转动起来

1. 交代任务。

教师：这些物品看见大家玩得那么开心，也想玩迷迷转的游戏。请大家帮帮忙，让这些物品转动起来吧！

2. 幼儿操作，教师观察并指导。

观察要素包括以下几个方面：

（1）当幼儿已经想办法使物体转动起来时，教师利用提问的方法帮助幼儿提升经验：你用的是什么方法？当幼儿把笔放在手心并搓动使笔转动时，教师可以问：你用的是什么方法？这个动作叫什么？

（2）当幼儿已经使一种材料转动起来时，教师可以鼓励全体幼儿尝试更多的材料：请试一试不同的材料。

（3）有些材料有多种转动方法，例如，风车可用吹气、跑动等方法使它转动。幼儿尝试了一种方法后，教师可以用提问拓展幼儿的思维：除了这种方法，还有别的方法能使它转动吗？

3. 交流与分享。

教师：你用什么方法把什么转动起来了？

4. 师幼一起总结探索方法。

教师小结：你们用转、搓、拧、拍、跑那么多方法使物品转动起来了，真了不起！

5. 引出转动和力有关。

教师可以演示并提问：如何让风车转动？幼儿可能会回答：吹。这时，教师故意不用力吹，使风车转动不起来，然后问幼儿怎么办。当幼儿提出用力时，教师顺势出示文字“力”，并追问：我们刚才所想的那么多方法都要用力吗？最后总结：原来这些转动的方法都和力有关。

（在科学探索活动中，教师需要引导幼儿获得粗浅的科学知识。我们知道，转动需要两个要素：轴和力。对于中班幼儿来说，感知力这个要素更符合他们的年龄特点。）

三、通过创造性地组合，探索让两种物品一起转动起来

（这个环节是本次活动的难点，是在幼儿掌握一定的使物体转动的方法之后，对幼儿运用方法解决问题提出的挑战。）

1. 交代任务。

教师：请你用一样物品帮助另一样物品转动起来。

2. 幼儿操作，教师观察并指导。观察要素包括以下几个方面：

① 当幼儿出现初步的组合意识时，教师要及时捕捉并鼓励。例如，幼儿用绳子穿进光盘的中心时，教师可以提醒幼儿用力甩动绳子。一方面帮助幼儿成功，另一方面自然引导幼儿进一步体验转动要素——力。

② 当幼儿已经通过组合使两个物体转动起来时，教师可以通过提问“你在哪里也看见过这种转动”引发幼儿回忆转动与生活的关系。如当幼儿用筷子在水中搅拌，使水转动起来时，教师可以提出上述问题。

3. 小结转动与生活的关系。

选择一两个幼儿演示创造性地转动物品，由此自然引导到生活中的转动。比如，让幼儿演示用筷子或绳子让光盘转动，并提问：光盘除了这样转动，还可能在哪里转动？如果想拓展幼儿的思维，教师可以进一步追问：家里除了播放器会转动，还有什么会转动？引发幼儿联想生活中更多的转动现象，从而自然达成第二个目标。

教师：原来转动可以给我们带来方便、快乐，那么，是不是所有的转动都是有好处的呢？让我们今后在生活中再去仔细观察和发现吧！

活动评价

本次活动充分发挥了幼儿的动手操作能力，幼儿在第一次操作上用转、搓、拧、拍、跑等方法让一物转起来，并用完整的话语表述出来。此次操作幼儿完成得不错，但是在准备的物体中还有幼儿没有用到的。幼儿在本次活动中初步认识到力的存在，知道力能让一些物体转动起来了。

第八节　生活区活动指导与环境创设工作标准

一、概述

生活区是一个可以让幼儿学习一些简单的、基础的生活技能，发展他们的动手能力、问题解决能力的区域。生活区的创设来源于生活本身，是幼儿现实生活的缩影。《指南》中明确指出幼儿生活自理能力是幼儿适应社会生活最基本的能力之一。生活区活动的开展可以帮助幼儿在操作中学会基本的自我服务技能，在游戏中练习穿、脱、揉、切、洗、整理等常用动作，提高幼儿的动手能力，培养幼儿手指动作的协调与灵活性，发展幼儿的手部精细动作。

在未来幼儿园，生活区应以幼儿兴趣为中心，教师从幼儿的兴趣出发，为幼儿进行高效学习、获得最佳发展而精心设计环境。为了创设科学、智慧的生活区，教师应从4个方面设计环境：环境创意来源于幼儿的生活，环境设计邀请幼儿参与，环境布置支持幼儿的需要，环境评价追踪幼儿的反应。生活区游戏活动的开展，教师与幼儿一起创设富有生活场景的熟悉环境，让幼儿在轻松愉悦的氛围中，在生活化活动区域的再现中进行模仿、探究、重塑建构新的知识技能。

小班幼儿的手部小肌肉动作还没有发育完善，教师可以提供不同的材料让幼儿练习剥、拧、穿、绕、抓、搅、捏、倒、舀、夹等手部动作，促进幼儿技能发展，帮助他们早日适应集体生活。中班幼儿开始对简单工具的使用感兴趣，这时的幼儿有了前期经验，能使他们对工具的使用有进一步的了解，从而使动手操作能力得到提升。中班幼儿还更加喜欢熟悉的生活场景再现，他们已经具有一定的生活经验，对周围环境较为关注，因此有中班幼儿熟悉的场景会更利于激发幼儿积极参与的欲望。大班幼儿已初步具备一定的自理能力，逐渐开始愿意帮助他人做一些简单的生活服务。另外，大班幼儿对真实场景再现更为关注。他们不再对假玩、摆弄感兴趣，反而更喜欢富有一定挑战的游戏，只有教师创设符合大班幼儿年龄特征的生活区，才会激发他们的探究欲望。

通过这些活动，让幼儿尝试动手操作，获得感知的体验，以至在日常生活中，不要依赖于别人，自己来动手，甚至能帮大人做一些力所能及的事情。在游戏中，幼儿的生活能力得到提高，社会交往意识逐渐形成，会使用一些基本的礼貌用语、常见词汇、简单句式等来表达自己的想法和介绍自己的游戏过程。

二、生活区工作流程

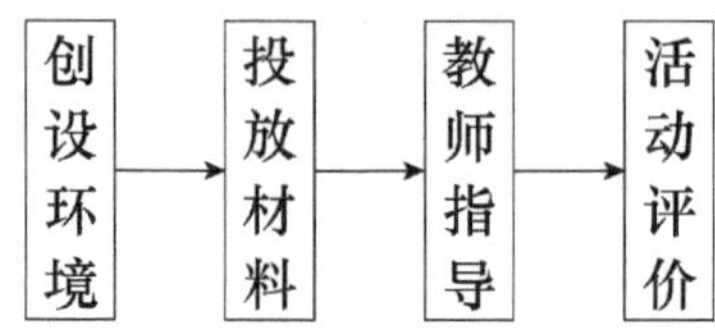

（一）创设环境

兴趣是最好的老师，幼儿对环境的喜爱会直接影响到他们对事物的兴趣。针对幼儿不同阶段的不同兴趣，在创设生活区环境时可以按照不同的主题设置成不同类型的“生活馆”，例如花店、厨房、蛋糕店、水果店、裁衣店、小卖部、咖啡店等，尽可能满足幼儿认知、情感、社会性、语言、动作技能等多方面的发展需要。

生活区游戏相对来说比较喧闹，在创设时可以离表演区、建构区等操作性较强的区域近一点。将生活区渗透到各区域中，与各区域活动有机结合，可以使各区域之间的功能互补，激发幼儿的活动兴趣。

此外，由于生活区主题多样，材料丰富，玩法多变，因此创设一个标识性的环境有助于幼儿遵守游戏规则。规则不仅是有效开展活动的依据，更是培养幼儿良好行为习惯的基础。不同年龄段的幼儿标识表述的形式不同。小班幼儿易于看懂图画式的标识提示，例如在生活区的地上，贴上 5 对小脚丫表示此区域仅容纳 5 名幼儿参与游戏。对中班幼儿可以制作图与数字共同出现的标识。例如，同样是人数限制的标识，教师可以贴 5 个幼儿，再在其后写上数字 5。大班可以出现简单的文字标识。例如，教师在明显的位置写上“5 个小朋友”。标识也可以用来展示流程图。幼儿通过看标识来进行分步操作，明白操作的全过程。例如，幼儿通过观看自制汉堡示意图，可以自学汉堡的制作方法。

利用标识提示幼儿安全操作。根据主题的不同，生活区中充满了各式各样的瓶瓶罐罐、大小电器、锅碗瓢盆。教师使用真实工具能帮助幼儿感受真实的生活体验，但也要注意操作安全。因此，在创建生活区时，需要标记“小心摔破”“有电危险”等提示，提醒幼儿要小心操作，注意安全。

（二）投放材料

投放的材料必须安全。《纲要》中指出，幼儿园必须把保护幼儿的生命和促进幼儿的健康放在工作的首位。因此，对生活区材料的投放要关注材料的安全性，确保安全、无毒、干净、卫生。例如，中班在开展“DIY 蛋糕”活动时，教师为幼儿提供各种所需配料，一定要严格把关，用品洗净安全，配料健康无毒，避免安全隐患。

以幼儿常见材料为核心。材料投放的合理性决定着幼儿对游戏本身参与的积极性，因此在材料投放过程中应更加倾向于常见的生活材料。例如，小班幼儿在“小厨房”的活动体验中，教师发动家长将家里闲置的厨房用具带来。一方面，熟悉的材料可以激发幼儿操作的欲望；另一方面，幼儿在已有经验的基础上操作起来会更加熟练，容易获得成功的体验，这种成就感会直接提升幼儿参与的兴趣。

考虑材料投放的意图。教师在投放材料前应对每一种材料进行分析，判断出其教育价值，以及对幼儿自理能力和操作技能提升的意义。例如，在“认识厨房调料”活动中，教师将固态、液态、常温、冷冻材料分类摆放，并注明名称和有效期，不仅培养幼儿“物归原位”的习惯，知道不同材料有不同的贮存方法，也让幼儿知道有效期的含义。可见材料蕴含着隐形的教育价值。

适时更新更换材料。幼儿对材料的兴趣会随着操作次数增加而逐渐递减，幼儿的能力水平会随着年龄增长逐渐提升。因此，教师投放的材料及其难易程度要根据幼儿的活动表现适时更新更换，使幼儿在挑战中、趣味中不断提高动手操作能力。

（三）教师指导

教师在指导生活区活动时，应减少使用指令性话语，例如“你应该这样做”“你这样做不对”等。这样的话语会对幼儿的自主性造成干扰，替代了幼儿的行为和思考，是不利于幼儿自主学习的。因此，教师应多使用开放式的指导策略——退、推、引。“退”是指当幼儿在游戏过程中遇到困难时，教师要把问题转移，让幼儿欣然、主动地接受挑战，而不是直接告知问题解决办法。“推”是指用暗示性的语言，通过隐性的教育方式，帮助幼儿寻找新的思路和方向，推动幼儿的不断进步。“引”是指巧妙地引导，适当地建议，这在幼儿园生活区活动中发挥着重要的作用。建议性的话语常常是以询问的方式出现的，既提出问题，又给予具体的方向提示。例如，在“医院”，教师见幼儿无所适从，便上前问道：“你问问病人哪里还不舒服？需不需要躺下休息？”这样的语句可以达到引导的目的。

家庭是幼儿生活的主要场所。教师除了在幼儿园引导幼儿开展生活活动之外，还要从转变家长的教育理念入手，让家长了解生活教育的重要性，放手让幼儿“自给自足”，鼓励在家让幼儿做一些力所能及的事情，督促幼儿练习和强化习得的技能，减少包办代替。

（四）活动评价

生活区活动结束后，教师可以评价幼儿在活动中的闪光点，也可以评价幼儿的活动成果。这样的评价不仅能让幼儿体验活动成果，还能为活动的延伸埋下伏笔，帮助幼儿解决游戏中存在的共性问题，为幼儿下一次开展活动提供技能与情感的支撑。

在评价时，教师可以选择采用辨析或设疑的方式来引导和激发幼儿的讨论。这种方式最能引发幼儿之间的互动，让持有不同观点的幼儿展开辩驳，在“说”的过程中共享体验，在“辨”的过程中碰撞智慧，在“析”的过程中使观点得以提升。例如，大班幼儿用吐司机烤面包时，总是把面包烤煳。活动结束后，教师让幼儿观察吐司机，幼儿发现吐司机可以调烘烤时间和挡位。于是大家展开讨论，分析出烘烤时间过长或挡位过大，都可能导致面包烤煳。幼儿由“辨”到“析”，最后认为调整到合适的时间或挡位就不会再把面包烤煳，为下一次的活动提供了行为支持。

三、生活区工作标准

工作流程	工作标准
创设环境	1. 可以离表演区、建构区等操作性较强的区域近一点。
	2. 布置温馨，靠近水源，方便幼儿操作。
	3. 要有适当的安全提示，电器类用品的摆放要确保幼儿的安全取用。
	4. 从幼儿的年龄特征出发，创设合理科学的生活区。
投放材料	1. 提供真实的、源自生活的材料给幼儿操作。
	2. 提供可以让幼儿穿戴的围裙、手套等生活辅助用品。
	3. 及时更新材料，保持生活区的吸引力。
	4. 注重幼儿个体差异性，满足不同幼儿的不同需求。
	5. 确保材料的安全性。
	6. 投放材料时注意层次性、递进性。
教师指导	1. 注重观察，用适宜的方法灵活指导。
	2. 发挥材料的特质，提高幼儿对简单劳动技能的掌握。
	3. 帮助幼儿形成规则意识。
	4. 运用标识的方法发挥生活区游戏的间接性指导作用。
	5. 家园配合，将生活能力的培养延伸到家庭中。
活动评价	1. 善于观察活动，评价具有针对性。
	2. 互评中鼓励幼儿积极思考，大胆表述。
	3. 关注幼儿在活动中所做的努力、个性品质、解决问题的能力和创造性的发挥。
	4. 评价内容要兼顾群体需要和个体差异。
	5. 多采用积极性评价和纵向评价方法，让幼儿感受到被肯定和成功的喜悦。
	6. 评价方法多样化。

四、生活区工作范例

幼儿园小班生活区游戏方案——我爱我家①

游戏目标

1. 在游戏情境中积极主动地学习生活技能，有初步的自我服务意识以及帮助家人收

① 郝燕，2012.“我爱我家”小班生活区游戏方案［J］. 早期教育（教师版）(3)：26-27.

拾房间的愿望。

2. 能按照标记以及自己的游戏经验对物品进行归类摆放，学习自主收拾整理，初步养成收拾物品的习惯。

3. 学习自己拉拉链、扣纽扣、扎带子以及叠衣服的生活技能。

4. 学习选择用合适的夹子来晾衣服、裤子、手套、袜子等，了解生活中多种夹子的用途，并懂得成双成对的概念。

游戏材料

1. 创设娃娃家的生活场景：卧室、客厅、厨房、餐厅、淋浴房、小院子等。在各个区域明显的地方贴上标记，以便幼儿自主学习整理收拾，将物品归类摆放。

2. 自制衣服收纳盒、小衣柜、洗衣机、冰箱、橱柜等。

3. 邀请家长一起收集幼儿的小衣服、裤子、袜子、鞋子、鞋盒、手套、晾衣夹（塑料夹、木头夹、圆形晾衣夹、裤夹、衣服撑、被夹）等。

4. 自制小衣服（上面缝有纽扣、拉链、带子）、自制小围裙。

5. 鞋架、浴帘、洗澡盆等。

游戏过程

1. 第一阶段。

（1）娃娃肚子饿了——做饭并喂娃娃吃饭。

幼儿在厨房快乐地摆弄小勺子、小铲子给娃娃吃饭，并在做完饭后按标记收拾厨房用具。学习用勺子、筷子喂宝宝吃饭；学习用奶瓶给娃娃冲奶、喂奶。

（2）学习拉拉链、扣纽扣、扎带子的生活技能。

通过操作桌面的小衣服材料，学习自己拉拉链、扣纽扣、扎带子的生活技能。

（3）帮娃娃叠衣服——学习叠衣服的技能。

通过看图示、念儿歌练习叠衣服的技能。

2. 第二阶段。

（1）帮娃娃洗澡。

帮娃娃脱衣服，做好娃娃洗澡前的准备工作；学习帮娃娃洗澡的方法，洗身体时用沐浴液、沐浴球，洗头发时用洗发液；为娃娃洗完澡后，及时帮娃娃穿上衣服，再帮娃娃梳头发、搽面霜等。

（2）帮娃娃兜尿不湿、哄娃娃睡觉等。

在图示等方法的帮助下学习给娃娃穿尿不湿，哄娃娃睡觉等。

3. 第三阶段。

（1）帮娃娃洗衣服、晾衣服。

学习选择用合适的夹子来晾衣服、裤子、手套、袜子等，了解生活中多种夹子的用途，并懂得成双成对的概念。

（2）“今天是打扫日”——整理收拾房间。

能按照标记及自己的游戏经验将娃娃家杂乱的物品归类摆放，学习自主收拾整理。如将袜子放在专门放袜子的网格收纳盒中，并按标记将爸爸、妈妈以及宝宝的袜子分开收纳等。

游戏规则

1. 爱护每一样游戏材料，能做到轻拿轻放。

2. 游戏结束后，材料还原。

3. 换一种材料玩之前，先把未用的材料放回原处。

指导要求

1. 第一阶段教师的主要职责是通过创设娃娃家真实温馨的情境引导幼儿喜欢来生活区参与游戏，并通过提供桌面的小衣服材料、图示、教念儿歌等多种方法引导幼儿学习拉拉链、扣纽扣、扎带子以及叠衣服的生活技能。

2. 在第二阶段中教师通过创设淋浴房的情境，引导幼儿把在第一阶段中学习的生活技能进行巩固和运用，并新增尿不湿等材料吸引幼儿参与游戏的兴趣，丰富游戏情节。

3. 在第三阶段教师创设小院子的阳台情境，投放多种晾衣夹引导幼儿学习如何晾衣服；投放网格收纳盒等材料引导幼儿学习分类、收纳。在此基础上提出“今天是打扫日”的活动主题，将所有物品杂乱摆放，引导幼儿按照标记以及自己的游戏经验将物品归类摆放。

在以上阶段中，教师应尊重幼儿自主选择游戏的要求，并在此基础上根据幼儿的差异进行有意的调整，如孩子还不能达到第三阶段的能力要求，教师可降低要求鼓励她进行第一阶段或第二阶段的游戏内容。

第九节　主题海报环境创设工作标准

一、概述

在传统观念中，出于各种教育目的而设计的墙面叫作主题墙。传统的主题墙体现的是教师的教学逻辑，运用超过幼儿身高的悬挂物，灰暗的色调，单向的、欣赏的、展示性的、以文字为主的方式创设主题墙。为了更好地体现幼儿的存在感和掌控感，在未来幼儿园中，主题墙这一观念逐渐转变为主题海报。主题海报体现的是幼儿的发展逻辑，无论是从主题环境的设计，还是从思想内容的选择，都更能直观生动、真实详细地再现教师、幼儿、家长之间的日常互动，更能体现教师和幼儿亲密的关系，更能展现出幼儿与幼儿之间的情感变化氛围。《纲要》中明确提出“环境是重要的教育资源，应通过环境的创设和利用，有效促进幼儿的发展”。主题海报是幼儿园重要的物质环境之一，它可以从多种感官上带给幼儿有关色彩搭配、形状区分、构图比例、线条变化等多方面因素的刺激，也可以在情感上带给幼儿愉悦的体验。

主题海报是丰富幼儿园的教育氛围、优化教师教学手段，提高教育保育质量的一个重要途径。它呈现幼儿活动的动态过程，记录幼儿经验的前后变化，反思幼儿学习策略的有效性。因此主题海报的创设不是随便在墙上画几朵花、贴几幅画，装饰或充实一下墙面那么简单的事情。

二、主题海报创设工作流程

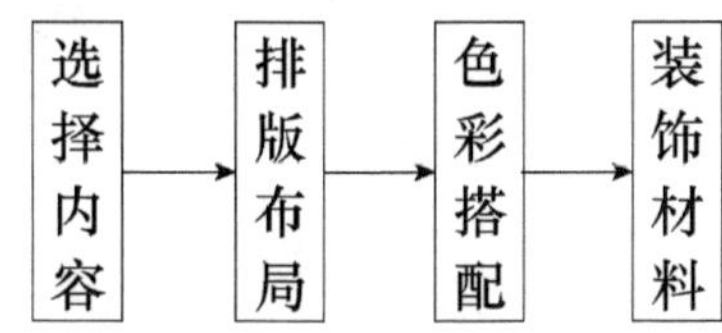

（一）选择内容

教师在开始创设主题海报之前，要慎重构思，选择恰当的内容。

首先，主题海报的内容不是凭空想象的，而是幼儿要学习的五大领域知识或课堂的延伸，还要符合幼儿的身心发展水平。例如，小班主题海报某一个月的主题为“各种各样的车”，教师就不能设计成让幼儿去拆卸、组装车辆，因为小班幼儿的手部小肌肉尚未发展健全，他们手眼协调能力还比较弱，无法完成这样的操作。大班幼儿的主题海报就可以这样设计，还可以让他们认识车的部件和类型，如跑车、越野车、轿车等，既是对幼儿科学认知的培养，也是对他们社会领域教育的延伸渗透，还可以加入努力拼搏、争取成功的情商教育。这样的主题海报融合了多方领域的教育，幼儿可以积极参与并且乐在其中，是比较恰当的内容选择。

其次，主题海报的内容不是讲述一个完整故事，而是讲述一些精彩瞬间。通过幼儿的问题，到幼儿的探索，再到幼儿的策略这一设计逻辑，在追踪幼儿的问题、支持幼儿的探索、记录幼儿的经验的过程中，捕捉幼儿的发展逻辑，从而呈现出最“智慧”的主题海报。

（二）排版布局

主题海报的布置如同版面设计，把主题海报看作是一张空白的大海报，思考如何处理画面与文字、画面与画面的关系，让这张大海报能够生动有效地传递信息并呈现出美感。

小班的主题海报以单幅图、单一主角呈现，以幼儿的看、读为主。主题海报的情境性要求更高，以图片、主题形象为主要内容。中班的主题海报以单幅图、主次角呈现，在幼儿看、读的基础上开始增设互动性，但主题海报仍以图画主题形象为主。大班的主题海报以多幅图、连环画的形式呈现。大班幼儿的互动行为明显增加，主题海报多以展现幼儿经验为主。幼儿通常用 A4 纸和方形纸来记录或表达，教师需要考虑如何同时展现这么多幼儿各种各样的经验和作品，可以采用平铺的方式，在平铺中寻求变化，参照照片墙和 PPT 版面设计之表，运用悬挂、垂吊等方法，巧用生活小物品。

（三）色彩搭配

主题海报色彩搭配不仅可以丰富版面样式，还能够恰如其分地传递版面的主题情绪。不同的颜色组合会有不同的搭配效果，为了给幼儿营造温馨安静或活泼可爱的环境，可以多采用胭脂红、金黄等暖色调，少用黑色、深蓝等冷色调。还要注意主色调在造型时的巧妙运用，比如暖色和冷色搭配可以体现物体的跳跃感和层次感等，可以多参考绘画大师作品中的色彩元素。这需要教师不断学习、实践和累积经验，才能设计出幼儿们喜欢的主题海报。

（四）装饰材料

优美的装饰能让主题海报起到很好的美化效果，增加边框、相关的图案等会使主题海报看起来更加丰富美观，有点缀的作用。装饰材料可以有两种：一种是对边框和底纹的色彩处理，一种是增添装饰物。

边框和底纹的色彩处理是指当教师设置版面或是呈现幼儿作品和经验的时候，用色块垫底、增加边框的方式来划分版块，美化墙面。

装饰物是教师根据班级主题活动的特殊性，在主题海报上运用一些装饰物和色彩，使其能够直观、美观地反映出主题的主要内容。

三、主题海报创设工作标准

工作流程	工作标准
选择内容	1．给予幼儿艺术的熏陶和美的感受。
	2．符合幼儿兴趣，吸引幼儿更多地参与。
	3．选择的主题是活动或课堂的延伸，融合多领域的知识教育。
	4．体现幼儿的发展逻辑，发展情商教育理念，蕴含“德智体美劳”的教育因素。
	5．注重文化多样性、国际化感受的环境融入——中华民族的文化、世界文化的多样态呈现。
排版布局	1．幼儿能够参与设计和创作。
	2．能体现拓展延伸和发展变化。
	3．把幼儿园变成联动的整体，班级之间可以相互配合。
色彩搭配	1．富有童趣，色彩丰富且搭配和谐，造型生动形象。
	2．确定主色，配以辅色，点缀对比色。
	3．参考绘画大师作品中的色彩元素。
装饰材料	1．用底纹和边框划分版块，搭配运用色彩，美化墙面。
	2．材料要安全健康、环保低碳。
	3. 运用装饰物传递主题信息、丰富墙面，巧用生活中的小物品。
	4．沿用版面，更换装饰，节省精力时间。

四、主题海报创设工作范例

主题海报创设—— 美丽的春天①

选择主题

在创设“美丽的春天”主题海报时，丰富的主题内容深深吸引着幼儿，例如“春天的动植物”“春天的人们”“春天多变的天气”“给春天的信”“蝴蝶找花”“我设计的风筝”“春天的小问号”等。

在“美丽的春天”主题海报上，教师设置了一棵光秃秃的大树，随着天气的转暖，渐渐增添内容。为了使“美丽的春天”这一主题鲜明，海报紧扣“春天”“美丽”“变化”3个要素来创设，不仅能让人一眼就明白所进行的主题是“美丽的春天”，还能凸显教师与幼儿的个性特点。

在主题海报创设过程中，这面主题海报呈现了幼儿和家长多方参与，逐步感受春天的过程。例如，“给春天的信”，是用图画调查的方式展现幼儿发现的春天的花、草、天气、人们的变化；“春天的秘密”则是展示一些动植物生长的过程。这种调查为幼儿反映自己了解的信息提供了方便，而家长也参与得很认真。这种家长参与为幼儿园开展主题活动真正起到了经验准备的作用，让家长资源利用价值最大化。

让幼儿参与主题海报的设计，不仅可以使他们获得成功的体验，而且也会使他们主动去欣赏领悟环境所蕴含的教育内容，在欣赏别人时，引发幼儿生成新问题，激发幼儿探索的欲望。同时，家长参与到富有创意的墙饰环境创设活动中去，才能认识到环境对幼儿发展的意义，成为环境教育的支持者、理解者、参与者、创造者。

版面布局

主题海报呈现的是一个动态变化的过程。这种变化伴随着幼儿的兴趣、探索内容向纵深发展蔓延，不断扩充、调整与更换。在主题海报中，幼儿随时可以用自己的方式展现自己获得的信息、经验。这种动态化的主题海报的创设，生动、直观、真实地再现了师幼之间近距离的“对话”，从而使幼儿体验到成功的喜悦，并拓展了思维。

在一个完整的主题海报中，应该包含着若干个小内容，这就是分论点，它们是主题海报的灵魂，支撑着主题，且紧紧围绕着主题。在“美丽的春天”主题海报创设中，开学初墙面上只有几个小朋友的照片和一棵光秃秃的大树，随着天气转暖，逐渐增添了内容，逐步感受春天的过程。每一个子栏目中幼儿都用图文并茂的方式记录他们各自在探索和活动中获得的体验、认识、信息、发现或初步达成的共识。对于他们来说，主题海报每天都是崭新的，每天都可以根据图文提示进行操作。为了让幼儿尽情观察、探索，又引发出许多有利于幼儿发展的子栏目，在主题海报不断变化的过程中，幼儿不断收集、储存、整理、交流与分享信息，他们的观察、思维、交往以及表达的能力均获得了提高。

---

① 杨洁，2012．优化幼儿园主题墙创设　发挥主题墙的价值：幼儿园主题墙创设的典型案例剖析［C］//河北省教师教育学会．河北省教师教育学会优秀课题成果论坛论文集：1106-1110．

色彩搭配

首先让幼儿观察小草、柳树发芽，让幼儿动手绘制嫩绿的小草、柳枝，剪贴上墙；然后引导幼儿观察小草、柳叶的变化，颜色怎样从嫩绿变翠绿，继续绘画、剪贴；再引导幼儿观察花蕾、花朵，动手绘画或剪贴花儿，丰富完善画面。浓缩春天的诸多事物，使幼儿在有限的空间里领略无限的自然，同时也能提升幼儿对美的感受力和表现力。

装饰材料

在“美丽的春天”这一主题海报的设置中，采用了多种形式。因为以往孩子在主题海报逗留的时间不长，他们不喜欢一成不变的墙面，都喜欢到动手操作的区域去玩。为了改变这一现象，提高主题海报的教育价值，教师大胆地对主题海报进行改革，使之更具有多元性、操作性、交流性等特点。而且，在这一墙面中，对子栏目的材料投放也十分讲究，摒弃了以往材料单一的局面，考虑到了多样性、季节性、本土性。例如，在展示春天的一些动植物生长过程时，运用了一些来自自然界的材料，如用花生壳涂色后做小蝌蚪，用棉、麻、纱、绸等各种不同材质做成花草，用蛋壳做路，用柳树叶做成树林……一下子就让幼儿触摸到了春天。此外，还为能力较强的幼儿提供一些半成品，如吸管、小动物图片，硬卡纸等，鼓励他们制作玩具，引导能力很强的幼儿自己独立制作一些风筝，这样幼儿在不同的材料面前都能根据自己的兴趣、需要选择材料，在游戏中表现得游刃有余，不再有畏难情绪。

第十节　卫生间环境创设工作标准

一、概述

卫生间是幼儿如厕和洗手的地方，一般分为如厕区和盥洗区。如厕区是幼儿一天中频繁使用的区域，通过创设一个好的如厕区，可以培养幼儿良好的大小便习惯，掌握生活自理能力。盥洗区是幼儿进行自我清洁、整理仪表的地方，应设有符合幼儿年龄特点的洗手台、毛巾架、污水池、镜子等设施。

大多数教师通常比较注重活动区域、走廊等班级及公共环境的创设，而忽略卫生间环境的创设。其实，卫生间是最能体现未来幼儿园教育观的环境之一，即弹性作息。合理设计卫生间环境，能够有效减少幼儿如厕和盥洗的等待与转换时间，增加自控时间，能在一个自由自主的环境中展现愉悦的情感，拥有属于他们自己的生理时间和心理时间。除了保证卫生间的卫生整洁外，创设一个温馨、多元、富有教育意义、能与幼儿“对话”的卫生间环境，不仅会让幼儿在如厕时感到愉悦，更能促进幼儿在环境的互动中积极、主动地发展。

二、卫生间创设工作流程

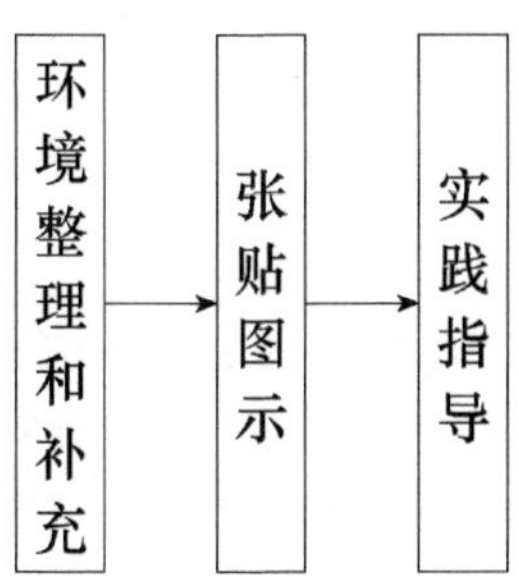

（一）环境整理和补充

幼儿园的卫生间不像活动区角那样需要教师“从无到有”地创建，教师需要做的是在已有卫生间的基础上对环境进行整理和补充。

一是要对地面做防滑处理。卫生间的地面大多铺贴瓷砖，当地面有水时会非常滑，尤其对于小班的幼儿，还没有较好的平衡性，要是地面没有进行防滑处理，很可能导致幼儿不小心滑倒。因此，卫生间地面选择的材料要有防滑性，可以铺设防滑的垫子，在造型和颜色上可以挑选与卫生间整体风格相和谐的地垫。卫生间的地面也要经常打扫清洁，以保证地面的干净整洁。

二是补充辅助用品。盥洗区附近靠墙上方应放置符合幼儿身高的通长镜面，便于幼儿在盥洗的过程中随时检查自己是否洗干净。毛巾架放置在接近盥洗台的地方，毛巾挂钩水平间距 0.15 米，行距 0.3～0.5 米，便于幼儿取用；最低一行距地面 0.5～0.6 米，最高一行距地面不高于 1.2 米。毛巾架要选用活动支架，便于拿到太阳下进行日光消毒。还要对盥洗台、墙角等棱角突出的地方用防撞角包裹，确保幼儿安全。

三是环境美化。由于卫生间内管道较多，有损卫生间内的整体环境美观。教师可以借机充分发挥创意，有效利用这些管道，运用各种材料对管道进行包装装饰，或用假叶藤缠绕变身藤蔓，或用纸板包扎变身大树，再配以各种绿色植物，让卫生间变成“室内的大自然”，营造一种清新感。

（二）张贴图示

温馨有趣的卫生间环境可以给幼儿的如厕和盥洗带来很多乐趣。卫生间以富有童趣的动物形象或画面为主，这样既能激发幼儿的盥洗兴趣，又能使幼儿对盥洗的方法有形象的认识，还能帮助幼儿模仿盥洗顺序。小班幼儿刚入园时，还不能按照要求正确洗手，还会把水洒得到处都是，既不卫生也不安全。这时，教师通过粘贴洗手示意图，能帮助幼儿学习正确的洗手步骤，以此来引导幼儿掌握洗手的方法。中班的幼儿已懂得如何正确洗手，但有浪费水的现象。因此教师在墙上贴水龙头哭的图片，来提醒幼儿及时关水龙头，节约用水。

在如厕区，教师可以用生动形象的图片或标记对男女便池进行区分。例如，用“小裙子”“女生头像”等图标代表女孩子，用“小领结”“男生头像”等图标代表男孩子。可以让大中班幼儿为不同性别的便池设计相应的标记，利用幼儿创作的各类艺术作品，合理装饰卫生间，一方面美化卫生间环境，另一方面激发幼儿的成就感。教师也可以张贴如厕和盥洗儿歌，来帮助幼儿学习相关知识，养成良好的习惯，在耳濡目染的环境中有所收获。

有的幼儿园卫生间空间相对较小，幼儿进出卫生间的频率较高，容易发生相互冲撞而产生安全隐患。因此教师可以充分利用卫生间内的地面，粘贴各种线条和箭头，合理规划进出卫生间的路线，避免发生安全事故。在需要排队等待的区域，可以在地上粘贴小脚印提示幼儿排好队，耐心等待，帮助幼儿形成有序的如厕习惯和秩序感。

（三）实践指导

在卫生间这样一个被设计过的“非自然”的环境中，除了卫生、安全方面的要求需要严格落实外，教师也要适当为幼儿保留一些应对真实生活的空间，即让幼儿运用自己的能力去面对和适应自然生活的场景。换句话说，就是要鼓励和支持幼儿自己的事情自己做，培养幼儿的自我服务意识和能力，在提供卫生、安全的环境的前提下，避免过度照料、保护和包办代替，鼓励幼儿自己解决问题。教师不妨坦然面对幼儿在卫生间内发生的各种状况，减少花哨不实用的环境布置，与幼儿一起真实地面对、分析问题，引导幼儿明确要求并根据自己的需要来协商解决。

三、卫生间创设工作标准

工作流程	工作标准
环境整理和补充	1. 卫生间所有设施的配置、款式、尺寸都应符合幼儿高度和卫生防疫的要求。
	2. 大便器或小便槽均应设隔板，隔板处应加设幼儿扶手。
	3. 充分体现尊重幼儿的年龄差异性。
	4. 数量充足，保证幼儿的使用方便和安全。
张贴图示	1. 造型丰富、有童趣，符合幼儿的审美特点，能感染幼儿。
	2. 避免色彩搭配过于花哨、烦琐，采用低彩度、高明度的色彩图示来衬托气氛。
	3. 图示目标指向清晰，具有教育意义。
实践指导	1. 学会打理自己的仪表，保持清洁。
	2. 帮助幼儿学会解决生理问题，培养良好的生活、卫生习惯，保障幼儿身心健康。
	3. 帮助幼儿掌握基本的生活自理能力。
	4. 帮助幼儿掌握初步的安全和健康知识，知道关心和保护自己。
	5. 支持幼儿自己解决问题以适应真实生活的挑战。

四、卫生间创设工作范例

关注幼儿园卫生间细节的案例

每天早晨来到幼儿园，家长第一句话就说："我家胖胖今天还没有拉呢。"

"胖胖你拉吗？拉的话可以去厕所。"

"老师，我不拉。"

"你尿不？"

"不尿。"

过了一会儿，有同学报告："老师，胖胖又尿裤子了。"

"胖胖，你要上厕所的话不用和老师说，自己去就行。"可是胖胖一天尿湿裤子好几回。上幼儿园几天都不大便，有时因憋大便而经常拉在裤子里。这样一直持续一个学期，我的头都快大了。胖胖成了全园的"闻名人物"。我觉得自己工作很失败，我迫切希望解决这个问题。我经常和胖胖沟通，后来孩子终于说出，原来是害怕厕所，因为幼儿园是蹲便，他家里是坐便。

小班幼儿初入园时，由于从家里来到幼儿园这个陌生的环境，在生活上、情感上和心理上均依赖成人的照顾，不安全感就产生了，尤其是惧怕幼儿园如厕区的蹲坑。如何让幼儿不害怕上厕所呢？营造适合幼儿的如厕区环境势在必行。既然幼儿害怕蹲坑，我们就在每个厕坑的两边选适中的位置用环保油漆画上了可爱的小脚印，幼儿看了既喜欢又感到新奇，都争着去踩自己喜欢的小脚印。这样一来，幼儿每人都踩着一对小脚印，既减轻了幼儿的心理压力，又激起了幼儿主动上厕所的欲望，而且当幼儿把自己的小脚和厕坑边的小脚印对准后蹲下来大小便时，不会弄到外面来。我为男孩画一个靶心，幼儿每次都对准靶心"射击"，真的是一举多得。

评析：作为一个独立的个体，小班幼儿的自我意识开始萌芽，他们有自己的想法和心思，与此同时，这个时期的幼儿也会有较强的自尊心。作为教师，要从多方渠道了解幼儿的生活，引导他们说出想法。再从细节入手，通过改变环境使幼儿易于接受幼儿园生活。尤其需要谨记的是，此时教师对幼儿的态度以及对幼儿行为的反应，都会直接影响幼儿的发展方向。

（案例来源：无锡市新光幼儿园　钱小燕）

第八章　家庭与社区工作标准

2001 年教育部颁布的《纲要》中明确规定："幼儿园应与家庭、社区密切合作，与小学相互衔接，综合利用各种教育资源，共同为幼儿的发展创造良好的条件。"整合幼儿园与家庭及社区的教育资源，是实现幼儿教育效果最大化的有效途径之一。幼儿园和家庭及社区之间的合作，将三者的作用整合，形成教育合力，有效地促进幼儿身心和谐健康发展。

在未来幼儿园中，以大数据为基础构建的"家园协同共育"平台，可以为家庭和幼儿园搭建一座信息沟通的桥梁，随时可以针对幼儿在园的表现数据进行有针对性的个性化交流。家长、教师和幼儿园可以通过"家园协同共育"平台进行多向交流，从而实现家园沟通效率的高效化。

未来幼儿园高效的家园联动育人模式应该符合以下两个方面的基本要求：第一，幼儿园和家庭应在教育目的上达成一致，通过幼儿园对家庭教育的指导，有助于家庭和幼儿园有效提高教育的质量；第二，幼儿园要组建管理规范的家园教育组织，明确具体任务，保证家园之间的信息畅通和交流方便，及时快捷地向家长传达学校的各项教育要求和内容。总之，在大数据的支持下，家长、幼儿园和教师通过平台可以清晰地看到幼儿的发展情况、幼儿园的教学理念等，共同分享幼儿的成长历程。①

第一节　家长会工作标准

一、概述

家长会主要是指由园方组织召开的会议，它是学校与家庭双方之间进行信息沟通，开展协同教育的一种形式。通过家长会，家园双方可对孩子发展情况进行沟通，幼儿园可以发布教育信息，汇报管理工作、教学工作及反馈相关问题，幼儿园还可以开展家庭教育指导，同时家长可就保育、教育等问题进行咨询。按组织形式，家长会可划分为园级家长会、年级家长会和班级家长会；按照内容性质，其可划分为常规性家长会（全体参与、计划之中）和专题性家长会（特定群体、特定事件）。家长会的形式有讲座式、研讨式、咨询式、沙龙式、网络式等。

随着科学技术的发展，在未来幼儿园中，家长会的形式可以从线下发展为线上模式，也可以通过线上和线下相结合的方式进行沟通和交流，目的是能够便捷、快速、高效实现家园沟通。通过校园智慧系统的"家园协同共育"大数据平台进行互动交流，还可以保存每个幼儿的具体数据，方便家长、教师以及幼儿园相关人员随时关注幼儿的个性化

---

① 张生，曹榕，陈丹，等，2018."AI＋"时代未来学校的建设框架和内容探究［J］. 中国电化教育（5）：38-43，52.

发展，制订符合幼儿实际情况的活动项目。

二、家长会工作流程

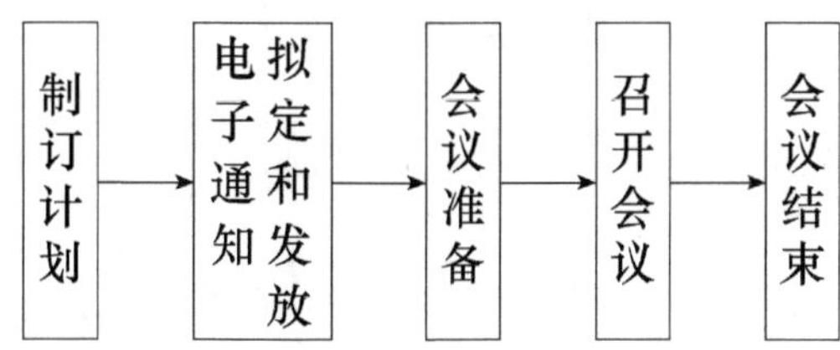

（一）制订计划

1．根据园务工作计划确定家长会主题。

2．在校园智慧系统的“家园协同共育”大数据平台上发放电子问卷进行针对性的调查，调查结果作为家长会方案制订的参考依据。

3．会议方案包括：主题、缘由、目的、形式、议程、出席对象、时间、地点、资料准备、主持人，人员分工及职责。

4．会议方案由专人负责制订，经过园长审阅通过后实施。

（二）拟定和发放电子通知

1．拟定通知注意对家长表示尊重。

2．通知应有对家长的称谓和代表园方的落款及通知发出日期。通知中应写明此次会议主题、目的、时间、地点、出席对象和会议注意事项或需要得到家长协助的事项。

3．电子通知下方应附有回复栏，以便园方掌握家长出席的人数。对因故不能前来参加会议的家长要在回复栏上简要注明原因。

4．会议时间安排要考虑多种因素，建议采取统一安排与自主选择相结合方式。

5．电子通知应在会议前3～4天发送给每一位幼儿家长，同时在班级家长微信群、QQ群或者其他的网站以及学校进门处等醒目的地方发布该通知，以便人人知晓。

6．会议前一天应收到每一位家长的回复，以使班级教师对出席人数和缺席对象做到心中有数。

7．对因故不能前来参加会议的家长或未回复的家长，教师应及时以各种方式与家长联系，沟通会议情况。

（三）会议准备

1．家长会园方应指定专人负责。

2．根据会议方案以及出席人数选择能容纳大于出席人数三分之一的会议场所。根据天气对会议场所温度进行调控，保持空气流通，有充分照明。根据出席人数考虑准备扩音设备。

3．园方做好会议期间其他场所的安排。包括各分会场、园长接待区、家长交流区、幼儿接待区、饮水区、车辆停放区和公共洗手间等，并为这些区域做好指示牌和安排好工作人员。

4. 园长负责对家长会上即将发布的所有信息、各班家长会方案进行审阅，以便及时调整。制订家长会日程表，包括各班会议主题、会议地点、会议主持和协助人员、特别要求等。

5. 组织家长会主讲人和会议协助人员的培训，明确会议要求、预期目标和人员职责。

6. 家长会前夕，园长或本次会议总负责人应了解各班家长预出席情况、会议准备情况，发现问题及时调整。同时对环境整洁情况进行巡视和检查。

7. 凡是会议所需的相关设施设备要事先检查，排除故障，确保使用效果。凡是出示、发放的资料等事先要进行校对，并按出席人数准备充分。同时，为家长准备若干便签纸和笔，以便解不时之需。

（四）召开会议

1. 会议召开当日，校门口设立欢迎牌。同时，在幼儿园进门处应该设有会场安排、车辆停放、饮水区和公共洗手间指示牌。

2. 全体人员应着统一校服、挂工作牌进行家长会接待工作。

3. 家长进入会场前，园长应站在大门口，教师应站在各自会场门口礼貌接待。进入会场的主要道路口应有工作人员引导。

4. 会场座位应根据出席人数、会议内容及形式有序放置。会场环境整洁，可陈列幼儿活动成果。班级协助人员随时调整会场内空气质量，保持适宜的温度。

5. 若会议安排在接近晚餐时间，饮水区或会场一角除了为家长提供茶水、水杯外，建议备有点心和餐巾纸，为下班直接来参加会议的家长提供方便。

6. 对家中无人照顾，与家长一同前来参加会议的幼儿，园方应有专人负责照顾，并组织安静的游戏活动。

7. 园长或此次家长会负责人应对各班级会议情况进行指导，发现问题及时进行调整或后期进行反思。

（五）会议结束

1. 工作人员对会场进行清洁，对所有物品，包括室内空气进行严格消毒。

2. 会议结束后，在校园智慧系统的“家园协同共育”平台上发放“家长会评估表”，及时了解参会家长反馈信息。

3. 根据家长会反馈信息，园长与教师互通会议情况，包括家长对各方面的反映，家长意见汇总，会议组织过程中存在的问题、园方改进策略等。

4. 在校园智慧系统中保存每次家长会的资料，包括家长会方案、出席名单、会议记录和咨询记录等。

三、家长会工作标准

工作流程	工作标准
制订计划	1. 家长会的主题明确，有价值。
	2. 家长会的方案规范，内容完整。
	3. 家长会的时间安排合理。
	4. 家长会的形式丰富多样。
拟定和发放电子通知	1. 电子通知的格式规范。
	2. 电子通知的内容完整、清楚、具体。
	3. 电子通知的文字清晰，字体大小适中。
	4. 电子通知的发放时间合理。
	5. 电子通知的发放形式多样，确保每个家长都收到。
会议准备	1. 根据通知回复，大致确定与会人员，估计人员数量。
	2. 会场选择、座位安排合理。
	3. 会场设施设备完好。
	4. 会议过程所需用品、文件资料准备齐全。
	5. 会场布置加入幼儿学习和活动痕迹，例如展示幼儿作品。
召开会议	1. 会议组织有序，议程清晰。
	2. 礼貌迎接家长，衣着整洁，仪态端庄。
	3. 讲话具有科学性、针对性、教育性。
	4. 讲解具有艺术性。
	5. 与家长互动答疑要注重谈话技巧。
	6. 回答家长问题有耐心，做到实事求是，不夸大，不掩饰。
	7. 互动答疑的问题要认真记录，充分尊重家长。
	8. 家长会的时间不超过 1.5 小时，且预留 20 分钟咨询时间。
会议结束	1. 及时向管理者沟通反馈问题。
	2. 资料整理归档及时、完整。

四、家长会工作范例

×××幼儿园新学期家长会活动方案

为了进一步加强家园联系，促进幼儿健康成长，充分发挥家园教育合力，提高教育的针对性、实效性，让家长了解幼儿园教育，走进班级教育，理解并主动配合老师的工作，营造宽松、和谐的教育、沟通氛围，共同为孩子的健康成长创建“绿色”环境。因此，幼儿园对新学期班级家长会做出如下安排。

（一）活动目标

1. 使家长了解我园的工作情况，教师了解幼儿在家的喜好、兴趣及家长对孩子的希望。

2. 介绍幼儿在园一日生活的各环节，使家长与幼儿园达成共识，形成教育合力。

3. 介绍幼儿园的几大优势，介绍幼儿园优质的教学质量和服务水平。

（二）活动时间

2019 年 9 月 6 日（星期五晚上 7 点整）

（三）活动准备

1. 各班教师发言稿的准备，并上交办公室审查。

2. 各班老师利用家长平时接送的时间，提前把需要帮助的问题写下来。

3. 班主任负责通知到每一位家长，力争每名学生至少一名家长（包括生病请假幼儿的家长）参加此次活动。

4. 各班要保持教室整洁，展示用的幼儿教学用书等资料整齐摆放到桌上，将幼儿的一日活动制作成 PPT 在电视上滚动播放。

5. 各班班主任在家长会召开前要协调家长签到。

6. 做好收集家长意见统计和反馈等工作，对反馈的信息要及时分析认真处理。

（四）环境卫生要求

1. 活动前一天进行卫生大检查，卫生间和其他卫生死角都要打扫干净。

2. 各班级活动室毛巾、杯子、被褥等用品的卫生要逐一检查，发现问题及时更换，空余场所不摆放杂物。

3. 营造温馨和谐的气氛。家长到会的时间早迟不一，因此可以安排早到的家长到教室里看本班孩子的一日生活录像，努力营造一种轻松愉悦的氛围。

（五）家长会形式

以班级为单位召开家长会。

（六）家长会活动过程

1. 介绍班级的整体情况，以及班级孩子的整体发展情况（要求每个孩子都点到一下）。

2. 介绍幼儿园一日生活。为了消除家长心中的疑惑，让家长对幼儿在园的一日生活更加了解，同时解答家长的部分疑问，让家长理解并支持我们的工作，我们将幼儿的一日生活活动（包括幼儿入园、盥洗、教学活动、游戏活动、离园）全程进行讲述，就这次家长会的机会，通过教师讲述，向家长一一展现。

3. 本学期的主题活动介绍及家长配合的情况（举例说明）。

4. 分享家长的教育经验。让家长说一说孩子们在家里的表现，说一说家长在家里通常采取什么方式教育孩子，从而更全面地了解孩子和家长，也可重点请有经验的家长来进行经验交流，使家庭教育资源得到最有效的共享。

5. 探讨与商议。征求家长意见和建议，对家长既要有鼓励也要有要求，既要有商讨又要有指导。

第二节　亲子户外踏青活动工作标准

一、概述

踏青，也称春游，是一种古老的习俗，古时一般在上巳节、清明节进行。“三月三日气象新，长安水边多丽人。”杜甫描绘的就是唐代人们春游的盛况。幼儿园亲子踏青活动是幼儿园有目的、有计划地组织的户外春游活动，可以让幼儿亲近自然，开阔眼界，发现春天的美景，感受人与自然的和谐；在幼儿、家长和老师的互动游戏活动中，大家体验快乐，让师生之间、亲子之间的情感联系更加紧密，也增强幼儿之间的团队意识；同时还可以给幼儿表现自我的机会，培养他们活泼、开朗的性格，促进幼儿人际交往能力的发展。

在未来幼儿园中，生态、绿色已经成为其代名词，户外天然的自然生态环境就成为幼儿、教师以及家长的探索空间。随着科学技术的发展，幼儿在户外的安全也能通过人工智能技术得以监控和保障，因此幼儿园和教师有能力组织主题丰富、形式多样的亲子户外踏青活动。

二、亲子户外踏青活动工作流程

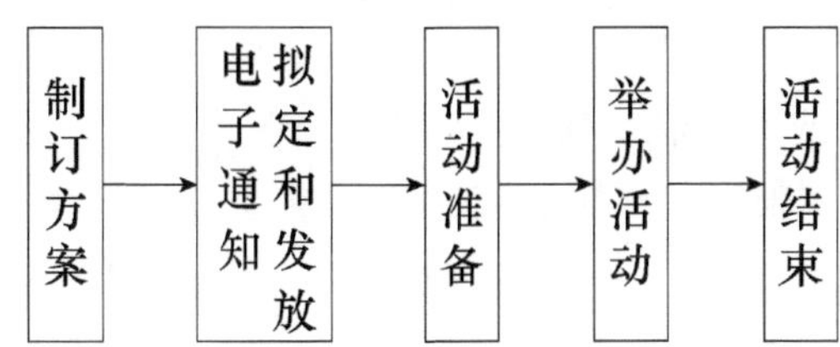

（一）制订方案

1. 根据园务工作计划制订亲子户外踏青活动方案。

2. 在校园智慧系统中进行针对性的调查，调查结果作为亲子户外踏青活动方案制订的参考依据。

3. 活动方案包括：活动目标，活动准备，活动安排（包括时间、地点、活动主持等），活动内容和流程，活动注意事项，人员分工及职责。

4. 活动方案由专人负责制订，经过园长审阅通过后实施。

（二）拟定和发放电子通知

1. 拟定通知注意对家长表示尊重。

2. 通知中应有对家长的称谓和代表园方的落款及通知发出日期。通知中应写明此次踏青活动的目标、时间、地点、出席对象和活动注意事项或需要得到家长协助的事项。

3. 通知下方应附有回复栏，以便园方掌握家长和幼儿出席的人数。

4．通知应在活动前3～4天发送到每一位幼儿家长的电子联系方式中，同时在学校进门处或网站等醒目处发布该通知，以便人人知晓。

5．活动前一天应收到每一位家长的回复，以使班级教师对出席人数和缺席对象做到心中有数。

6．对因故不能前来参加活动的家长和幼儿，教师应及时以各种方式与家长联系，沟通活动的情况。

（三）活动准备

1．活动准备由园方和家长一起完成。

2．家长在活动前可进行以下物品准备：家长给幼儿穿适合运动的衣服，准备更换的衣物，遮阳帽等防晒用品；家委会可准备防蚊虫用品、跌打油、创可贴等用品，家长也可自行准备；自带饮用水、食物、餐巾纸、湿纸巾和垃圾袋等物品；还可带幼儿的脚踏车、帐篷、吊床、野餐垫等物品。

3．教师要在活动前进行以下安全文明教育：所有参加活动的人都要严格遵守活动纪律，服从统一指挥；在活动中不要单独行动，应该结伴而行，保护好幼儿，防止发生意外；在活动中要注意交通文明、卫生文明、语言文明和行为文明。

4．保健医生携带好急救用品，以防幼儿发生突发情况。

5．组织对户外踏青活动的主持人和活动协助人员的培训，明确会议要求、预期目标和人员职责。

6．活动前夕，园长或本次活动总负责人应了解各班家长和幼儿预出席情况、活动准备情况，发现问题及时调整。

（四）举办活动

1．活动举办当天，全体教师提前签到，用人工智能技术清点人数，带队教师向家长和幼儿做进一步的安全教育。

2．全体人员（幼儿由家长陪同）按照顺序依次排队上车（智能机器人协助带队教师随时清点本班幼儿和家长人数）。

3．到活动地点后，以班级为单位，在规定区域按照活动方案有序开展活动，不得独自行动，不玩危险游戏，一切活动听从带队教师的指挥。家长和幼儿不得擅自离开群体活动，如要离开，应预先告知带队老师或者活动的总负责人，并戴上智能监测设备方能离开。

4．集体游戏后，可安排家长和幼儿喝水、就餐、休息以及自主游玩，但是不能离开规定区域，带好通信设施和智能监测设备，跟带队老师随时保持联系。

5．全体人员一切活动听从总负责人的指示，严格遵守往返时间，不得擅自提前返回。

6．智能机器人协助园长或此次家长会负责人对各班级活动进行巡视，发现问题及时进行调整或为相关人员后期进行反思提供数据信息。

（五）活动结束

1．全体人员收拾整理活动现场，把垃圾放到指定位置或者带回放到指定垃圾箱。
2．活动结束后，幼儿在家长陪同下回家，路上注意安全。
3．活动结束在校园智慧系统中发放“活动评估表”，及时了解活动的反馈信息。

三、亲子户外踏青活动工作标准

工作流程	工作标准
制订方案	1．户外踏青活动的方案规范，内容完整。
	2．户外踏青活动方案须考虑幼儿的年龄特点。
	3．户外踏青活动方案须考虑幼儿的兴趣需要。
	4．户外踏青活动的时间安排合理，须考虑家长的实际情况。
拟定和发放电子通知	1．通知的格式规范。
	2．通知的内容完整、清楚、具体。
	3．通知的文字清晰，字体大小适中。
	4．通知的发放时间合理。
	5．通知的发放形式多样，确保每个家长都收到。
活动准备	1．根据通知回复，大致确定参与人员，估计人员数量。
	2．合理安排出行交通工具。
	3．活动中所需用品准备齐全。
	4．对参与人员的安全教育、文明教育准备充分。
举办活动	1．活动组织有序，步骤清晰。
	2．活动方式灵活多变、丰富多样。
	3．活动的趣味性强，人员参与度高。
	4．活动中使用语言贴切，亲和力强。
	5．注意和保障全体人员的安全。
	6．把握活动各环节的时间，不提前结束返回。
	7．利用技术手段帮助记录活动过程。
活动结束	1．及时清洁活动场地，注意文明。
	2．及时整理活动资料，形成活动总结。

四、亲子户外踏青活动工作范例

幼儿园亲子户外踏青活动方案（一）

一、活动名称

铜仁市实验幼儿园中二班“拥抱大自然，让孩子快乐成长!”踏青亲子活动。

二、活动时间

2019年3月28日。

三、活动地点

铜仁市六龙山××养生休闲山庄。

四、参加人员

铜仁市实验幼儿园中二班师生及家长（自愿报名参加）。

五、活动目的

1. 开拓幼儿视野，增长知识，亲近自然、感受生活，让幼儿在与大自然的接触中感受人与自然和谐的重要性。

2. 通过活动增进家长与孩子，孩子与孩子之间的交流和信任，培养孩子动手、动脑和人际交往能力，帮助孩子树立团结协作、勇于拼搏的精神，促进孩子身心协调健康发展。

六、活动流程

8:30 在大明边城演艺广场集合：①孩子为自己的家庭编号抽签，工作人员为每个家庭贴上相对应的数字（家庭编号与车辆编号一致），表示其为“某”号家庭；②所有参加活动的家庭在签名旗上签名；③全体成员与签名旗一起大合影。

9:00 出发前往六龙山××养生休闲山庄。

10:00 在山庄工作人员的带领下在竹林小道漫步（山中寻宝），呼吸大自然的新鲜空气，沐浴天然大氧吧；参观兔子饲养场，幼儿与爸爸妈妈一起喂食兔子，听工作人员讲解与兔子相关的知识，和小白兔做好朋友。

11:30 返回××养生休闲山庄广场，找到与自己家庭编号相对应的工作台（桌子），孩子与家长一起包饺子（尽量让孩子自己学着包，每个家庭包40个），包好后送到指定的地方煮制。

12:00 中餐（食用自己包的饺子）。

13:00 亲子游戏

游戏一：我是顶梁柱（爸爸与孩子一起完成）

游戏方法：孩子趴在爸爸背上，爸爸四肢着地做俯卧撑，时间一分钟，做得最多者胜利。

游戏二：全家乐翻天（妈妈与孩子一起完成）

游戏方法：妈妈与孩子面对面手拉手，孩子的脚踩在妈妈的脚面上，跟着音乐随意舞动，当音乐停止就立马站到事先准备好的报纸上，脚不能超出报纸面，超出则被淘汰，如果第一轮没有被淘汰，则将报纸进行对折再进行下一轮，以此类推，直到有家庭出局，坚持到最后的家庭为胜。

游戏三：贴鼻子

游戏方法：将家长的眼睛蒙上，原地转三圈，请幼儿用语言指挥家长将鼻子贴到动物的准确位置即获成功。

游戏四：我爱爸爸妈妈

游戏方法：爸爸妈妈各自脱下一只鞋放在指定的地方，然后在指定地方坐成一排。哨声吹响后孩子们由指定的地方跑至放鞋处，拿起各自爸爸妈妈的鞋并跑到爸爸妈妈跟前，帮爸爸妈妈把鞋穿上，没有穿错且最快完成的胜出。

特别说明：本亲子游戏活动分两轮（暂定，可根据实际参加的家庭数量而定，第一轮比赛胜出的进入第二轮同样项目的比赛，最终每个家庭，每个项目各取一名胜利者并颁发奖品与活动纪念品，同时给其他未获奖的家庭颁发活动纪念品）。

14:30 我们一起学习（本活动自由进行）

孩子和爸爸妈妈一起学骑竹马、滚铁环或到菜园认识各种蔬菜瓜果。

15:30 举行颁奖仪式：

第一，请郭老师组织幼儿表演一个集体歌舞节目。

第二，请邓老师讲话。

第三，请主持人公布比赛结果并颁奖。

第四，合影。

16:00 带领幼儿收拾活动现场垃圾，培养环保意识。

17:00 晚餐。

18:00 返回铜仁，结束愉快的踏青活动。

七、活动组织机构

主办方：铜仁市实验幼儿园中二班家委会

承办方：贵州××旅游文化发展有限公司

八、具体工作安排

1. 由主办方负责征求家长意见，拟定活动方案、活动报名事宜及组织联系工作。

2. 由承办方负责活动策划、场地联系、食材、奖品和游戏道具准备、游戏组织、摄像等工作。

3. 活动本着精打细算、力求实效、各自负责的原则，由主办方负责与承办方商定活动经费预算之后，按照成人 68 元/人，幼儿 40 元/人的标准向每个参加活动的家庭收取活动经费。

4. 交通方式主要采取自驾游形式。由主办方统计参加活动的私家车数量与实际人数之后，采取拼车与租车方式解决。（费用另算）

5. 为做好活动安全保障工作，确保活动圆满完成，请参加活动的家长务必加强安全防范意识，负责带好幼儿，禁止幼儿去危险地区玩和与同伴打斗，防止出现幼儿走失、受伤等意外事故。

6. 活动时间如遇天气原因顺延。

铜仁市实验幼儿园中二班家委会
贵州××旅游文化发展有限公司
2019 年 3 月 24 日

幼儿园亲子户外踏青活动方案（二）

一、活动形式

半日游。

二、活动时间

大班：2019 年 4 月 13 日上午。

中班、蒙班：2019 年 4 月 13 日下午。

小班：2019 年 4 月 14 日上午。

三、活动地点

河津市北城公园。

四、活动目标

1. 开拓幼儿视野，亲近自然，感受大自然因季节更替产生的变化。

2. 增强幼儿的集体意识，增进教师与幼儿之间、教师与家长之间、幼儿与幼儿之间的感情。

3. 通过分享活动，让幼儿感受和同伴分享的乐趣。

五、前期准备

1. 召开家长委员会，征求家长意见，再决定是否组织春游。

2. 园方组织老师提前勘探场地。

3. 春游前各班教师对幼儿进行相关的安全教育（不能随意离开本班队伍或家长、不能下水玩耍、不能在马路上随意奔跑、不能跟陌生人走、不要去偏僻的地方玩耍等）。

4. 成立应急小组：

组长：高娟娟

副组长：贾秀荣

组员：家委会成员

职责：

（1）指挥有关教师到达指定位置。

（2）安排教师及保育员开展相关的抢险排危及求救工作。

（3）提前准备好应急药品（创可贴、绷带、药品）等。

（4）视不同事故及时报警（意外暴力 110、交通事故 122、急救中心 120）。

5. 活动注意事项：

（1）家长请按幼儿园要求时间到达活动地点。

（2）各班老师带好本班幼儿家长登记表以便及时联系。

（3）在老师组织幼儿游戏时，请家长不要远离活动场地。

（4）如果家长要带孩子中途离开，请告知老师。

（5）各班老师带好垃圾袋以便活动后打扫场地。

六、活动内容

1. 游园活动：通过幼儿参观公园，观察花草、树木的变化，让幼儿感受春天的美丽。

2. 游戏活动：通过亲子游戏、趣味游戏增进幼儿、教师、家长三者之间的感情。

3. 美术活动：通过观察春天、感受春天，用图画的方式把自己心中的春天画出来。

4. 分享快乐：通过幼儿与同伴分享自己所带的食品，让幼儿学会分享，体验分享带来的乐趣。

太华幼儿园
2019 年 4 月 2 日

第三节　亲子运动会工作标准

一、概述

亲子运动会是以亲缘关系为主要维系基础，以孩子们跟家长的互动运动项目为核心内容，培养孩子的运动、社交等多方面能力，帮助孩子们初步融入社会的一种活动形式。亲子运动会对于那些经常忙于工作而忽视了和孩子进行亲密互动的家长来说，具有难以替代的重要作用。

在未来幼儿园中，亲子运动会之前可以用人工智能技术监测参加运动会的幼儿和家长的身体健康状态，设计符合幼儿和家长实际情况的活动项目；在亲子运动会期间，可以用智能设备（例如智能机器人）示范和引导亲子运动会活动项目，保障亲子运动会的顺利开展；运动会结束后，可以把运动会的过程性资料，以及幼儿和家长的身体健康状况录入校园智慧系统，以便家园一起分享活动的快乐时光。

二、亲子运动会工作流程

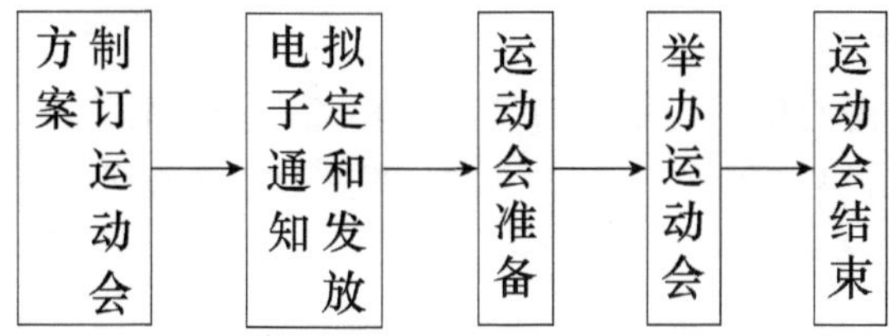

（一）制订运动会方案

1．根据园务工作计划确定运动会主题。

2．活动前对幼儿和家长进行身体检测，其结果作为亲子运动会方案制订的参考依据。

3．运动会方案包括：主题、缘由、目的、形式、流程、出席对象、时间、地点、资料准备、主持人、注意事项，人员分工及职责。

4．运动会方案由专人负责制订，经过园长审阅通过后实施。

（二）拟定和发放电子通知

1．拟定通知注意对家长表示尊重。

2．通知中应有对家长的称谓和代表园方的落款及通知发出日期。通知中应写明此次运动会的主题、目的、时间、地点、出席对象和注意事项或需要得到家长协助的事项。

3．通知下方应附有回复栏，以便园方掌握家长出席的人数。因故不能前来参加运动会的家长要在回复栏上简要注明原因。

4．运动会时间安排要考虑多种因素，建议采取统一安排与自主选择相结合方式。

5．通知应在运动会前 3～4 天发送到每一位幼儿家长的电子联系方式中，同时在学校进门处或网站等醒目处发布该通知，以便人人知晓。

6．运动会前一天应收到每一位家长的回复，以使班级教师对出席人数和缺席对象做到心中有数。

7．对因故不能前来参加运动会的家长，教师应及时以各种方式与家长联系，沟通相关情况。

（三）运动会准备

1．运动会园方应指定专人负责。

2．根据运动会方案选择合适的运动会场所。有条件的可选取室内运动场地，可不受天气影响。如果选取室外场地须根据天气情况合理安排举办时间。

3．园方做好会议期间其他场所的安排。包括运动会签到区、各班列队区、各班物品保管区、饮水区、车辆停放区和公共洗手间等，并为这些区域做好指示牌和安排好工作人员。

4．组织运动会主持人和协助人员的培训，明确运动会的要求、预期目标和人员职责。

5．运动会前夕，园长或本次运动会总负责人应了解各班家长预出席情况、运动会准备情况，发现问题及时调整。

6．凡是运动会所需的相关设施设备要事先检查，排除故障，确保使用效果。凡是运动会上待发放的物品等事先要进行校对，按出席人数准备充分。

（四）举办运动会

1．运动会召开当日，会场门口设立欢迎牌。

2．全体人员应着统一校服、挂工作牌进行运动会接待工作，引导家长和幼儿签到并留影纪念。

3．智能机器人引导家长和幼儿进入会场，到各班指定区域处找到班主任报到。

4．宣布运动会开幕，家长和幼儿列队。

5．各班幼儿按照顺序在教师带领下入场。

6．各班家长按照顺序在教师带领下入场。

7．幼儿代表讲话、家长代表讲话以及园长讲话，宣布亲子运动会正式开始。

8．根据运动会方案，有序举行各年龄段的亲子活动。每个活动前，强调遵守比赛规则，服从裁判决定。友谊第一，比赛第二。活动中，各位家长带好幼儿，注意安全，不在赛场内随意走动或奔跑。在会场要注意清洁，保持场地卫生，爱护公共设施。

9．发放奖品，合影留念。

（五）运动会结束

1．工作人员对运动会场进行清洁，保持环境卫生、整洁。

2．活动结束后，幼儿在家长陪同下回家，路上注意安全。

3．活动结束后在校园智慧系统中发放“活动评估表”，及时了解活动的反馈信息。

三、亲子运动会工作标准

工作流程	工作标准
制订运动会方案	1. 运动会的主题明确，有价值。
	2. 运动会的方案规范，内容完整。
	3. 运动会的时间安排合理。
	4. 运动会的形式丰富多样。
	5. 运动会的项目内容要符合各年龄段幼儿的发展水平。
拟定和发放电子通知	1. 通知的格式规范。
	2. 通知的内容完整、清楚、具体。
	3. 书面通知的文字清晰，字体大小适中。
	4. 通知的发放时间合理。
	5. 通知的发放形式多样，确保每个家长都收到。
运动会准备	1. 根据通知回复，大致确定与会人员，估计人员数量。
	2. 运动会会场选择、各区域场所安排合理。
	3. 运动会各环节所需人员安排到位。
	4. 运动会会场设施设备完好。
	5. 运动会过程所需器械等用品齐全。
举办运动会	1. 运动会组织有序，议程清晰。
	2. 礼貌迎接家长，衣着整洁，仪态端庄。
	3. 注意和保障家长和幼儿的安全。
	4. 注意和调动家长和幼儿的参与性。
	5. 竞赛过程中坚持友谊第一、比赛第二的原则。
	6. 利用技术手段帮助记录活动过程。
运动会结束	1. 及时清洁运动会场地，注意卫生。
	2. 及时整理运动会资料，形成总结。

四、亲子运动会工作范例

×××幼儿园 2019 年春季运动会及亲子运动会活动方案

（一）活动目标

1. 让幼儿通过自己的努力完成比赛，感受成功的快乐。

2. 激发幼儿参加体育活动的积极性，发展幼儿身体的协调性和灵活性，增强幼儿的体质。

3. 通过这次运动会让幼儿感受到同伴之间的合作精神。

（二）环境创设

园内大环境：在赛场上悬挂“×××幼儿园春季运动会”条幅，根据比赛需要划分出比赛场地、运动会等待区等区域。

园内小环境：根据比赛项目在班级相关区域摆放比赛的器械器具，制作啦啦队所需花球、班级标语牌、班牌等相应物品。

（三）活动方案及流程

1. 活动时间：2019年4月12日。

2. 活动地点：幼儿园活动场地。

3. 活动主题：幼儿春季运动会“我运动、我健康、我快乐”。

4. 活动准备：

（1）物品准备：运动会项目所需器械器具、班级所需物品。

（2）人员准备：总指挥、场地负责人、裁判长和裁判、摄影和器械准备人员、音响师、计分和统计人员、安全和后勤人员。

5. 活动过程：

（1）宣布运动会开幕。

（2）护旗手入场、播放《运动员进行曲》。

（3）运动员入场。

（4）全园师生、家长唱国歌。

（5）运动员（幼儿）代表讲话。

（6）家长代表讲话。

（7）园长致辞，宣布运动会正式开始。

（8）比赛正式开始，分年龄段比赛。

（9）颁奖。

（10）运动会结束。

附录：各年龄段比赛项目及规则

一、小班运动会项目

（一）集体运动会项目

1. 母鸡下蛋。

游戏玩法：幼儿10人1队，第一名幼儿站在起点线上，双腿夹球跳至终点将蛋下到筐内，跑回拍第二个幼儿的手，随即站到最后。先下完10个蛋的一队为胜。

2. 小刺猬运果果。

游戏玩法：幼儿10人为1队，第一名幼儿站在起点线上，将沙包放在头上，保持身体平衡将果果运到对面的小房子里，中途掉下的捡起放好继续前进。先完成任务队为胜。

3. 小乌龟加油爬。

游戏玩法：幼儿10人1队，第一名幼儿站在起点线上，将布垫放在幼儿后背上，哨声响起第一名幼儿开始爬过地垫，爬至终点接着爬回将乌龟壳交给第二名幼儿。先结束队为胜。

4. 爱的抱抱。

游戏玩法：幼儿10人1队，每2名幼儿为1组，2名幼儿将皮球夹在中间，横着走向对面，将球放在筐内，然后下一组继续，最先将球全部运送到终点的队为胜。

（二）亲子运动会项目

1. 袋鼠跳。

游戏玩法：家长将幼儿抱起，幼儿抱住家长脖子，双脚夹住家长腰间，家长抱紧幼儿一跳一跳地跳过 5 个圈，将幼儿运到终点，先到者为胜。

2. 毛毛虫比赛。

游戏玩法：1 名幼儿、1 名家长按顺序站好队，各队参赛家庭为 5 个，家长的手臂搭在幼儿肩上，由幼儿领头向前跑，最先到达终点的队为胜。

3. 快乐传递。

游戏玩法：按 1 名幼儿、1 名家长按顺序站好队，每组参赛家庭 5 个，由第一名幼儿开始跳进圈内，由下往上套出圈，后面的家长接着以同样的方法套出圈，后面的人员依次进行，5 个家庭全部套完的队为胜。

4. 倒挂猴子。

参赛人员：1 名幼儿+1 名家长。

游戏准备：沙包、小筐若干。

游戏玩法：每组 4 个家庭，幼儿用手抱住家长的脖子，脚夹住家长的腰部，在起点线做好准备，哨声一响，家长抱紧孩子跑向指定处，家长双手尽可能多地抓起沙包跑回起点扔进小筐，在规定的时间内，运送的沙包最多者为胜。

游戏规则：行进过程中要保证幼儿的双脚不能落地。要注意保护幼儿的安全。

二、中班运动会项目

（一）集体运动会项目

1. 袋鼠跳接力。

游戏材料：袋子。

游戏玩法：要求幼儿站在袋子里，两手抓住口袋，向前跳，到达终点以后跳回原点，下一名幼儿出发，哪队先完成接力哪队获胜。

2. 赶球。

游戏材料：羽毛球拍、梅花桩 4 组，筐 1 个、球 10 个。

游戏规则：幼儿手拿羽毛球拍，赶着球在规定的跑道绕过障碍走，最后，必须赶到指定的筐里，然后跑回起点，将球拍交给下一名幼儿，先完成的队伍获胜。

3. 大力水手。

游戏材料：扁担纸箱、独木桥、跨栏、沙包 20 个、筐 1 个。

游戏规则：每个幼儿持装有沙包的扁担通过平衡木跨过跨栏，走到终点将沙包放在指定筐内，然后返回起点交给下一名幼儿，先完成的队伍获胜。

4. 同舟共济。

游戏材料：呼啦圈 1 个。

游戏规则：每队各派两名选手，将呼啦圈套入，然后齐心协力到终点，转回到起点，再把呼啦圈传给下组选手继续进行比赛，先完成的队伍获胜。

（二）亲子运动会项目

1. 大青虫。

游戏材料：球、竿子若干。

游戏规则：爸爸（或妈妈）和幼儿分别握住两根竹竿的两端并用竹竿夹住球，要求步子要协调一致，先到达终点者为胜。

2. 快乐小青蛙。

游戏材料：纸板 4 块。

游戏规则：幼儿移动泡沫垫，家长做小青蛙向前面的垫子跳，直至终点站。

3. 袋鼠跳。

游戏玩法：家长将幼儿抱起，幼儿抱住家长脖子，双脚夹住家长腰间，家长抱紧幼儿一跳一跳地跳过 5 个圈，将幼儿运到终点，先到者为胜。

4. 毛毛虫比赛。

游戏玩法：1 名幼儿、1 名家长按顺序站好队，各队参赛家庭为 5 个，由幼儿领头开始前进，后面的家长紧随其后，最先到达终点的一队为胜。

5. 快乐传递。

游戏玩法：1 名幼儿、1 名家长按顺序站好队，每队参赛家庭 5 个，由第一名幼儿开始跳进圈内，由下往上套出圈，后面的家长接着以同样的方法套出圈，后面的人员依次进行，5 个家庭全部套完的队为胜。

6. 倒挂猴子。

参赛人员：1 名幼儿+1 名家长。

游戏准备：沙包、小筐若干。

游戏玩法：每组 4 个家庭，幼儿用手抱住家长的脖子，脚夹住家长的腰部，在起点线做好准备，哨声一响，跑向指定处，家长双手尽可能多地抓起沙包跑回起点扔进小筐，在规定的时间内，运送的沙包最多者为胜。

游戏规则：行进过程中要保证幼儿的双脚不能落地。要注意保护孩子的安全。

三、大班运动会项目

（一）大班集体运动会比赛项目

1. 挑战极限。

参赛人员：每班男女幼儿各 10 名。

器械准备：沙包 10 个、独木桥 1 座、梅花桩 4 组、筐子 1 个。

游戏玩法：幼儿列纵队分别站在起点线处，听到口令后，第一名幼儿头顶沙包从起点处出发，走过独木桥，绕过梅花桩，来到距离终点 1 米处，把沙包投掷到箱子里，随后径直返回起点处拍第二名幼儿的手。游戏以此类推，先进行完的队伍为胜。

2. 炸碉堡。

参赛人员：每班男女幼儿各 10 名。

器械准备：平衡木 2 组、跳绳 2 根、山洞 1 组、垫子 1 块、沙包 10 个、筐 1 个、大纸箱 1 个。

游戏玩法：幼儿分成两组在起点线处站好，听到口令后，第一名幼儿走过平衡木，双脚跳过小河（跳绳）钻过山洞，单手匍匐爬过垫子，拿起筐子里的沙包投向前面的纸箱里（纸箱外缘画上碉堡），再从左侧直线跑回起点处与第二名幼儿拍手。游戏以此类推，先进行完的小组为胜。

3. 跨栏前进。

参赛人员：每班男女幼儿各 10 名，男女幼儿分组比赛。

器械准备：共 4 道障碍，由奶盒拼装组成。

游戏玩法：10 名幼儿分别站在起点，听口令后起点处的第一名幼儿奔跑前进，跨过 4 道障碍到终点后，再从左侧直线跑回起点处与第二名幼儿拍手，游戏以此类推，先进行完的小组为胜。

4. 挑夫挑担。

参赛人员：每班男女幼儿各 10 名。

器械准备：桶 2 个装半桶水、梅花桩 4 组。

游戏玩法：幼儿站在起点线处，听到口令后，起点处第一名幼儿挑担走 S 形绕过障碍，再绕 S 形障碍原路返回到起点处将挑担交于第二名幼儿，游戏以此类推，先进行完的小组为胜。

（二）大班亲子运动会项目

1. 背运球。

游戏材料：球若干。

游戏玩法：家长和幼儿背对背把球夹在两人背部，绕过障碍后返回起点，比谁快。中途如果球掉下应在掉球的地方重新把球夹好，才能向前跑。

2. 袋鼠运粮。

游戏材料：沙包 3 个。

游戏玩法：家长站在起点，幼儿站在终点。家长从起点用膝盖夹住沙包跳至终点，把沙包交给在终点等候的幼儿，再由幼儿用膝盖夹住沙包，跳回起点，先到者获胜。

3. 毛毛虫。

游戏玩法：以幼儿、家长的顺序排成一纵队，双手环抱腰部，第一名队员蹲在起点，两组同时进行比赛，听到口令后开始，直到最后一名队员走出终点线，速度最快者为胜。

4. 倒挂猴子。

参赛人员：1 名幼儿+1 名家长。

游戏准备：沙包、小筐若干。

游戏玩法：每组 4 个家庭，幼儿用手抱住家长的脖子，脚夹住家长的腰部，在起点线做好准备，哨声一响，跑向指定处，家长双手尽可能多地抓起沙包跑回起点扔进小筐，在规定的时间内，运送的沙包最多者为胜。

游戏规则：行进过程中要保证幼儿的双脚不能落地。要注意保护幼儿的安全。

第四节　家访活动工作标准

一、概述

家访，是家庭访问的简称，是进行个别家庭教育指导的一种常用的有效方式，主要是解决幼儿的个别的家庭教育问题。家访主要是指由幼儿园的教师和干部到幼儿家庭进行访问，与家长沟通情况，交流感情，密切关系，商讨共同教育幼儿的方式方法。这种指导方法比较灵活机动，便于进行，而且指导得比较具体，更具有针对性。家访作为幼儿园工作的一项重要内容，它是连接幼儿园和家庭的重要纽带，是增进家园关系和师生关系的重要桥梁，是提高幼儿园教育和家庭教育水平的重要途径。家访把一个名字代表的符号更具象化，这种面对面带来的交流与理解，是社交软件所不能替代的。

在未来幼儿园中，教师可以先通过校园智慧系统中的“家园协同共育”平台了解到幼儿和家长的基本情况，提前在平台上与家长进行沟通和交流，提高家园之间的信任感和熟悉感。其次，可以通过平台上的电子问卷，了解到家长最关注的问题，在家访计划中有所准备。最后，可以把家访记录传到幼儿园智慧系统中，以便于家长和幼儿园都能看见家访情况，进行后续的追踪和反馈。

二、家访活动工作流程

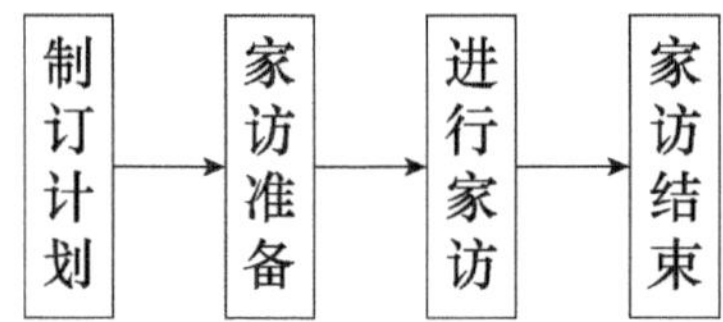

（一）制订计划

1. 根据园务工作计划家访，明确家访目的。
2. 根据家访目的和校园智慧系统中的数据记录和分析，选择家访对象。
3. 家访计划包括：目的、形式、时间、地点、内容、流程，人员分工及职责。
4. 家访方案由专人负责制订，经过园长审阅通过后实施。

（二）家访准备

1. 提前与家长预约，确定家访时间。
2. 做好对家访幼儿近期在园各方面的情况准备。
3. 做好家访记录表、笔等物品的准备。

（三）进行家访

1. 教师要按照与家长的约定时间，按时家访。
2. 教师家访时要衣着大方，态度和蔼、诚恳，对幼儿的情况要一分为二地与家长进行交流，以鼓励为主。
3. 教师要根据幼儿的情况，积极向家长介绍科学的教育方法。
4. 教师要积极与家长沟通幼儿园的教育理念和方法，要让家长了解和配合学校教育。
5. 教师要认真且虚心听取家长的各种意见和建议。

（四）家访结束

1. 教师家访结束后，要把家长反映的问题、建议及时汇总向幼儿园汇报。
2. 教师家访结束后，要认真做好家访幼儿的情况记录，并录入校园智慧系统中。

3．家访后要及时把了解到的幼儿情况与班级其他教师进行沟通，以便每个教师有针对性地对幼儿进行引导。

4．教师要跟踪了解幼儿在家访后各方面的变化，并及时给予相应的引导。

三、家访活动工作标准

工作流程	工作标准
制订计划	1．家访活动的目的明确。
	2．家访活动的方案规范，内容完整。
	3．家访的时间安排合理。
	4．家访的对象有针对性。
家访准备	1．教师对家访对象了解较全面、清楚。
	2．家访过程所需用品、文件资料准备齐全。
进行家访	1．家访活动的流程清晰、简明。
	2．教师家访时衣着整洁，仪态端庄。
	3．教师家访的内容具有科学性、针对性、教育性。
	4．教师家访的语言具有艺术性。
	5．与家长互动沟通要注重谈话技巧。
	6．回答家长问题有耐心，做到实事求是，不夸大，不掩饰。
	7．家访的内容要认真记录，充分尊重家长。
家访结束	1．及时向幼儿园汇报家访情况。
	2．及时与班级其他教师沟通家访对象的情况。
	3．家访总结全面、及时，有科学性和指导性。

四、家访活动工作范例

×××幼儿园暑期家访活动计划

为贯彻落实县教育局转发的《走进家庭、携手育人》通知精神，进一步了解幼儿在家庭中的学习、心理等方面情况，充分发挥“家访”对幼儿进行思想教育和心理疏导工作的重要作用，有效地促进幼儿园教育和家庭教育的有机衔接，促进幼儿健康成长，幼儿园特制订幼儿家访工作计划如下：

（一）家访目的

幼儿家访工作是幼儿园教育教学工作的重要补充和延伸，是教师全面贯彻党的教育方针、热爱幼儿、关心幼儿的具体表现。通过走入幼儿的家庭，将幼儿近期的在园表现向家长反馈，同时全面、客观地了解幼儿的家庭环境、家庭成员的结构、幼儿的成长史、家长的教育观，以及幼儿的社会交往表现等，可以更好地有针对性地关注幼儿的学习心理和生活，关注他们的思想动态和情绪变化，及时疏导幼儿的一些异常情绪，引领幼儿健康成长。

（二）家访内容

1. 宣传党的教育方针、有关教育法律、法规和幼儿园规章制度，宣传正确的教育思想和育人方式，引导家长利用亲情关心感化自己的孩子，与家长共同探讨促进幼儿发展的教育措施和方法；宣传幼儿园的办园思路、办学理念、办学策略，让家长了解幼儿园。

2. 与家长交流沟通，深入了解幼儿的成长环境和在家表现，同时将幼儿在园期间的思想品德、学习态度、安全教育、行为习惯以及生活等方面的情况向家长反馈。

3. 宣传有关幼儿安全方面的知识，督促家长或监护人教育幼儿增强安全防范意识，要求所有家长每天按时接送幼儿。加强幼儿园、家长、幼儿委托监护人之间的经常联系。

（三）家访准备

1. 确定家访对象为班级幼儿的家长或监护人，尤其是单亲家庭幼儿、外来务工子女、家庭贫困生、留守儿童、学困生及残疾儿童的家长或监护人。

2. 电话联系家长或监护人，提前预约时间。

3. 家访时带好家访记录表、笔等物品材料。

（四）家访形式

教师到家访谈。

（五）家访流程

1. 教师按照约定时间深入幼儿家中，实地了解幼儿在家中的情况。

2. 教师衣着大方、得体，态度和蔼，真诚与家长沟通，推进彼此相互了解。

3. 家访主要内容有：了解幼儿的生活安排，如何关注幼儿的心理健康教育，如何引导幼儿形成良好的行为习惯，如何加强对幼儿的安全教育等。

4. 认真做好家访记录。

5. 家访后，及时反馈家访信息给幼儿园。

6. 家访后，与班级其他教师及时沟通，注意对幼儿的疏导，有针对性地对幼儿加强教育。

7. 追踪被家访后的幼儿的反应，巩固家访效果。

×××幼儿园

2019 年 3 月 15 日

第五节　互联网沟通工作标准

一、概述

随着现代科技的发展，许多幼儿园都建立起家园互联网。幼儿园的家长工作要发挥幼儿园网站这一信息化交流平台的作用，逐步开辟班级网点，实现教育问题共商、教育资源共享；向家长充分展示幼儿园的办园理念、成果荣誉、师资力量、家教知识。争取在较短的时间充分发挥幼儿园的家园互联网作用，及时了解信息并做出反馈；提高幼儿园家长工作的质量，增强时效性，确保互动性和内容的丰富性。

二、互联网沟通工作流程

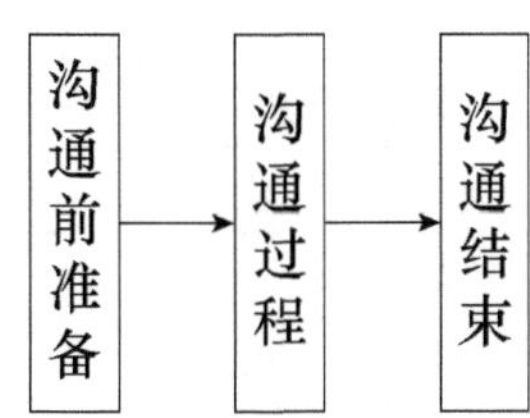

（一）沟通前准备

1．幼儿园加强网络环境建设，构建网络互动平台。幼儿园根据实际情况建立富有幼儿园特色的网站，可开设不同的栏目。例如，介绍幼儿园、幼儿园管理者和教师的“温馨家园”；反映幼儿园最新动态的“最新资讯”；交流教育心得和经验的“教学教研”；关注幼儿健康成长的“健康快车”；介绍家长科学教育和保育知识的“家长学校”；及时记录孩子的童趣稚语的“童心驿站”；方便家长和本班教师沟通交流的“家园互动”和接受社会及家长建议和意见的“雁过留声”等栏目。

2．幼儿园教师根据本班的实际情况，在幼儿园网站上传本班级的相关情况，方便家长参与。

3．组建班级 QQ 群、微信群，方便教师、家长和幼儿随时沟通、互动。

4．制订《家园网络工作制度》和《家园合作 QQ 群、微信群工作制度》。

（二）沟通过程

1．教师选择不同的互联网方式与家长进行沟通。

2．在幼儿园网站的家园互动社区里面，每个教师和家长都有自己独特的名字。家长可以通过网站了解主题活动的目标和内容，看到图文并茂的活动过程。家长还可自由发表自己对家园合作活动的独特建议，交流自己参与活动的体会。

3．通过 QQ 群或者微信群进行沟通，教师可以随时发布与本班相关的通知或者讨论主题，家长也可随时向教师了解幼儿在园情况，咨询养育和教育幼儿的相关问题。

（三）沟通结束

1．及时整理沟通内容，找出存在的问题及解决办法。

2．及时向家长反馈幼儿园及班级下一步措施和做法。

三、互联网沟通工作标准

工作流程	工作标准
沟通前准备	1．教师在网站上传内容须及时。
	2．教师在网站上传内容完整、丰富。
	3．教师在网站上传内容形式多样。

续表

工作流程	工作标准
沟通前准备	4．熟知并严格按照《家园网络工作制度》和《家园合作 QQ 群、微信群工作制度》进行沟通。
沟通过程	1．教师沟通围绕主题进行。
	2．教师的态度温和。
	3．教师的语言简单、明了。
	4．教师的沟通具有艺术性。
	5．教师的沟通具有技术性。
	6．沟通过程做好记录。
沟通结束	1．及时整理沟通结果。
	2．沟通结果对下一步工作具有指导性。

四、互联网沟通工作范例

网络沟通促进家园互动

当今社会，随着对家庭环境和家庭教育作用认识的提高，家园共育的思想已逐渐受到人们的关注，并已付诸实践。在幼儿时期，家庭对孩子的教育比老师还要重要，没有父母的示范和引导，老师教得再好，也是没用的。所以，家园共育理应成为推动幼儿素质教育最值得重视的理念之一。因此，要加强家长对我们教育的配合，加强家长的凝聚力，与家长更好地沟通、交流。多媒体在加强家园合作，提高家长对幼儿科学教育能力，真正实现家园共育等方面，是不可缺少的一个有效途径。

（一）幼儿园网站让家长积极参与进来，关注园内大小事的动态

家庭和幼儿园是影响幼儿发展最主要的两大环境，父母和教师分别是这两大环境的施教者，从这个意义上说，教师与父母本来就应该是一种平等合作的伙伴关系，所以，家园互动形成合力，可有效促进幼儿身心健康发展。可是，在现实面前，家长们显得无可奈何，因为他们的工作日益繁忙，来园接送孩子次数、家长与教师接触的机会少之又少，对孩子的在园表现情况、幼儿园的动态等情况，家长们不能及时、真实地掌握。

我园充分发挥网络的优势与时俱进，网站的开通，得到家长的好评。借助网站的力量，搭建家园互动新平台，真正开放了幼儿园的大门，让家、园距离更近了，解决了家长的后顾之忧。

比如，位于我园首页的“园所动态”，园内大事件、园内动态新闻、班内组织的活动、家长给予配合的事项在首页显要位置循环滚动播放，通过点击，家长可以借助网络随时了解园内新闻大事件，并做好积极配合。再比如通过“科学教研”的“特色教育”一栏，让家长们了解我园不仅注重幼儿的体能、智能发展，也注重素质教育。家长对“宝宝趣事”这一版块也非常关注，希望能在这里和大家一起分享宝贝的童年趣事。本版块在展示幼儿趣事的同时，也让家长老师了解到幼儿在家在园不一样的表现，

采取适当的教育方法，从而形成了教育的一致性。刊登营养、卫生、保健知识的“幼儿保健”版块，也以它的及时性、内容广泛性吸引着众多家长，家长可以在这里掌握更多的营养保健知识、家教知识与方法，提高科学育儿水平。其中的“每周食谱”可以为家庭饮食搭配提供依据。通过了解，我们得知很多家长都非常感兴趣，甚至会将食谱打印下来，以便晚上给幼儿再做其他可口饭菜，通过浏览“幼儿保健”版块，家长更加注重幼儿的饮食搭配，也更加注重科学育儿。

幼儿园网站的开通，不仅增加了我们工作的透明度，而且给家园共育带来方便和快捷，实现了多媒体信息技术有效推动家园互动，每当看到家长留下一句句感激的话语，我们由衷地感到欣慰。幼儿园网站充分体现了幼儿园与家长之间尊重、平等、合作的原则，缩短了幼儿园和家庭之间的时空距离，拉近了彼此心灵上距离，使家长和我们共同走进孩子的世界。

（二）利用“班级网页”，促进家园携手

家长最关注的莫过于班级网页了，家长通过浏览班级网页，可以真正了解到自己孩子在班级这个大集体里的动态，真正了解到孩子在幼儿园的学习生活情况。孩子在幼儿园的点点滴滴、孩子每一天的成长都会给家长带来莫大的喜悦。我们将幼儿在园学习、生活、游戏活动的过程，随时随地用相机或手机抓拍下来，并发在班级网页中，使家长在任何时候、任何地方都能了解到孩子在园的情况。班级网页有效地促进了家园合作同步教育。

1. 关注班级动态，注重家园共育。

在班级网页的“教学计划”中我们及时公布本班最近所学过的五大领域的教学内容，借助网络，家长只需要通过浏览班级网页，就能及时知道班级的教学内容及动向，明确配合目标，以便家长帮助孩子复习巩固。这就为家长了解孩子对所学内容的掌握水平提供了有效依据。例如，班内在开展“恐龙回来了”的教学活动时，许多家长在网上看到这个信息后，马上主动上网查找搜索相关信息。第二天早上，很多孩子拿着各种各样的小恐龙模型、手工，以及爸爸妈妈打印的恐龙图片来到幼儿园。该活动为教师更好地开展教育提供了广泛的资源，同时激发了孩子对恐龙知识的兴趣。“昨天晚上我和妈妈上网一块儿找的这张霸王龙的图片！”“我也和爸爸上网查恐龙了！”家长和孩子的积极性都得到了很好的调动。家长也在参与中逐步了解新课程的教育精神，重视家园合作。

2. 观看班级相册、班级视频，让家长了解幼儿在园情况，吸引家长积极参与。

在班级网页中，我们会把班级活动，包括日常教学、特色活动等用图文并茂的形式发布到网页上，供家长欣赏，让家长在观看班级视频的同时获得活动感受，得到更多的感悟。这样不仅向家长介绍了此次活动的目的、意义，如何开展的，更重要的是家长可以在这里找到自己孩子的身影，看到孩子在认真学习、在快乐游戏，让家长更多了一份放心。

3. 爱心分享，让家长乐在其中。

班级网页中的“爱心分享”，是老师们利用休息时间整理出来的教育随笔。在这里，不仅让老师们在工作中不断反省总结经验，还能让家长们感受到幼儿教育的重要性及特殊性，学习好的教育方法和教育理念来教育自己的孩子，如“不要过多地限制孩子的自由”“走出幼儿家庭教育的误区”等。班级网页，为家长了解班级、了解孩子提供了平台。

让家长不仅获得了一种全新的交流手段，更多了一份宽慰。

4. 班级留言，打造有效互动。

为了更好地有效发挥互动功能，实现和家长共同交流探索教育话题，我们还开设了“留言板”。“每天都关注咱们的网站，今天又看到孩子们做游戏的照片，看到孩子们一张张开心的笑脸，这是做父母最欣慰的事了，好像每一天都是幼儿园的开放日，老师辛苦了。”真实的话语，融洽的交流，拉近了教师与家长、幼儿之间的距离。班级留言，不仅缩短了教师与家长、孩子的距离，而且通过这样的方式，让家长感受到了老师的辛苦，对教师工作给予更进一步的理解和支持。

第六节　幼儿园社区工作标准

一、概述

家园、社区工作是幼儿园教育的重要组成部分，是做好幼儿园教育的基础保证。《纲要》指出：“家庭是幼儿园重要的合作伙伴。应本着尊重、平等、合作的原则，争取家长的理解，支持和主动参与，并积极支持、帮助家长提高教育能力。”“幼儿园应与家庭、社区密切合作，与小学相互衔接，综合利用各种教育资源，共同为幼儿的发展创造良好的条件。”无论是家庭活动、社区活动还是幼儿园本身的社会性活动，都可使幼儿从教育中获得持久的益处。家长、教师、社会的群众为促进幼儿的发展，相互交流经验，取长补短，共同探讨教学方法。

二、社区工作流程

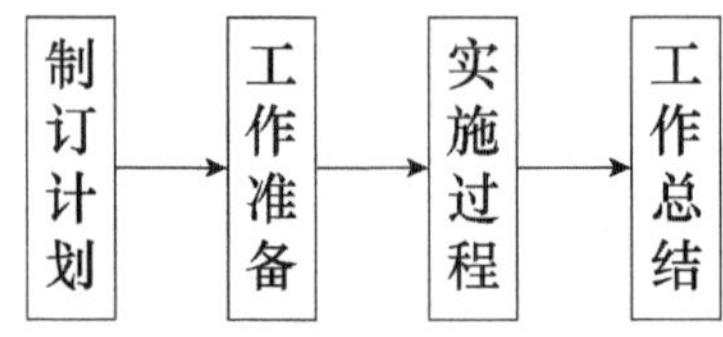

（一）制订计划

1. 根据园务工作计划确定社区每月工作主题。

2. 方案制订前在校园智慧系统中进行针对性的调查，调查结果作为社区工作方案制订的参考依据。

3. 工作方案包括指导思想、工作目标、工作内容、活动安排、工作总结等方面。

4. 工作方案由专人负责制订，经过园长审阅通过后实施。

（二）工作准备

1. 对社区工作活动，园方应指定专人负责。

2. 根据活动方案确定时间、地点、参与人员，提前通知所有参与人员。

3. 做好社区工作活动所需的物品准备。

（三）实施过程

1．举办家长学校。定期组织家长参加形式多样、内容丰富的各种讲座、讨论、知识竞赛、现身说法等活动，以从中受到启迪，提高自身素质和科学育儿的水平。

2．以家长开放日为契机，提高家长育儿水平。家长开放日的目的是让更多的家长了解各年龄段幼儿的年龄特点、教育方法、教育目标，了解自己孩子在群体中的表现。通过家长开放日，家长懂得了怎样和教师主动配合，取得教育的一致性。

3．充分发挥“家园联系栏”的窗口作用。家园联系栏是反映保教工作的一扇窗户，更是进行教育交流的一块园地。本学期我们根据课改的精神，结合班级实际，在家园栏的栏目设置上推陈出新，各栏目板块图文并茂、形态各异，内容涵盖了体、智、德、美各方面，成为家长接受幼儿教育信息的主渠道。

4．利用社区环境资源，扩展幼儿游戏的空间。我们将带幼儿在自然社会环境中去观察、去发现、去感悟，了解成人的劳动，到社区参观和了解各行各业叔叔阿姨的工作，并与成人交流谈话，丰富幼儿的生活经验，感知人与人之间的关系。同时，提升幼儿的社会交往能力，使他们的整体素质得到全面发展。

5．充分利用传统节日，带领幼儿走向社会，体验民间文化习俗。

（四）工作总结

1．活动结束后在校园智慧系统中发放“社区工作评估表”，及时了解这次活动相关的反馈信息。

2．根据相关的反馈信息，撰写图文并茂的工作总结，进一步指导下一次社区工作的开展。

三、社区工作标准

工作流程	工作标准
制订计划	1．社区工作活动的主题明确，有价值。
	2．社区工作的方案规范，内容完整。
	3．社区工作的时间安排合理。
	4．社区工作的形式丰富多样。
工作准备	1．确定与会人员，估计人员数量。
	2．提前通知时间、地点以及活动流程。
	3．工作过程所需用品、文件资料准备齐全。
实施过程	1．社区工作组织有序，议程清晰。
	2．礼貌参与社区工作，衣着整洁，仪态端庄。
	3．与社区工作人员互动答疑要注重谈话技巧。
	4．注意引导幼儿积极参与不同类型的社区活动。
	5．认真记录社区工作过程，充分尊重参与人员。
工作总结	1．及时反馈社区工作的相关问题。
	2．资料整理归档及时、完整。

四、社区工作范例

×××幼儿园社区工作计划

《纲要》提出要“充分利用自然环境和社区的教育资源，扩展幼儿生活和学习空间。幼儿园同时应为社区的早期教育提供服务。”这充分说明了幼儿教育与社区教育息息相关，社区在幼儿教育中扮演着越来越重要的角色，依托社区、服务社区将是幼儿教育发展的必然趋势。为了更好地将幼儿园与社区教育资源两者融为一体，更好地促进幼儿教育的社会化，我园制订了新学期幼儿园社区工作计划。

（一）指导思想

以《纲要》为方针政策，认真贯彻《纲要》提出的“幼儿园应与家庭、社区密切合作，与小学相互衔接，综合利用各种教育资源，共同为幼儿的发展创造良好的条件”精神，认真探索一条幼儿园与社区教育资源共享，相互利用的有效途径，提高社区教育水平，促进幼儿教育有效的发展。

（二）工作目标

1. 广泛动员并组织协调各方力量，发展我园幼教事业，为更多幼儿提供受教育的机会，使我园幼儿教育从封闭走向开放，从单一化走向多元化。

2. 利用社区学前教育资源，注重家庭、社区和其他教育机构中的各种教育因素的有机联系，发挥整体优化功能，提高保教质量。

3. 利用社区教育资源，增强我园办园自主性，使幼儿教育更好地立足本地实际，因地制宜，形成我园的办园特色。

4. 利用社区教育资源，扩大我园幼儿教育的社会职能范围，发挥我园幼教对当地社会和社区发展的作用，推动两个文明建设，为教育事业做出应有的贡献。

5. 利用社区资源，与社区多举办联谊、交流活动，为孩子提供展现自我的机会。

（三）活动安排

二月：

1. 访问社区管理委员会。
2. 社区工作领导小组会议。

三月：

1. “三八”家园、社区同乐会。
2. 半日活动开放。
3. 幼儿园社区大自然活动。

四月：

1. 社区活动“寻找春天”。
2. 开展“清明节”本土文化教育社区活动。
3. 春游活动。

五月：

1. 庆祝“五一”社区活动。
2. 安全活动。

3. “交通安全进校园，安全维修你、我、他”校园、家庭、社区一体化活动。

六月：

1. 庆祝“六一”家园同乐活动。
2. 开展“端午节”本土文化教育活动。

七月：

1. 期末社区工作总结。
2. 校园、社区安全工作总结。

×××幼儿园

2019 年 12 月 30 日

第九章　未来幼儿园教师业务工作标准

第一节　备课工作标准

一、概述

备课是指教师为完成某项教学任务，欲达到某些教学目标而设计的教学过程和为组织安排好教学所做的全部准备工作。备课，是上好课的前提，是教学工作中的一个重要环节，也是教师的一项基本功。它的表现形式是教案，也叫教学活动设计。幼儿园的“课”并非是指向一节集体教学活动，而是涵盖了幼儿在园进行的各种类型的活动。

未来幼儿园里，随着儿童学习观和学习环境等的变化，教师备课的手段、方式和内容也发生相应的改变，会较为明显地体现在备课手段的技术化和平台化、备课内容的个性化和多样化方面。

二、备课工作流程

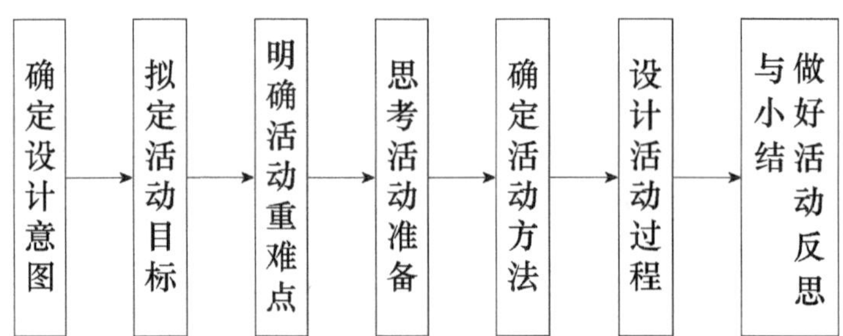

上面是传统备课工作的一般流程，或者是备课中基本的环节。尤其是对具体的一个活动的设计来说，这些基本环节是恒定的。只是未来“互联网＋”真正覆盖幼儿园管理体系的时候，备课的平台会是在以幼儿园为单位甚至以更广阔的“域”为单位的信息系统，并且上述环节之中的具体内容是可以随机做调整、完善和补充的。活动内容尤其素材资源的共享，也会使得备课过程更加高效，备课质量更加有保障。

（一）确定设计意图

为什么选择开展这个活动，教师要构思相应的设计意图来说明活动开展的意义和价值，以及能对幼儿带来什么好的发展。

（二）拟定活动目标

活动目标是一个教育活动的出发点和归宿，是一节课的灵魂和统帅，应体现三维目标，即知识目标、能力目标、情感目标。目标的制订要符合《纲要》的精神，符合本班幼儿的学习特点和发展水平，不要只关注幼儿学有所乐，忽视幼儿有效发展，要兼顾学习兴趣和学习价值。可以从教育的角度表述目标，用“使”“教会”“培养”等词语；也可以从幼儿发展的角度表述目标，用“能”“会”“掌握”“学会”“明白”“懂得”等词语，这样有利于教师始终围绕“如何促进幼儿发展”来选择相适宜的教育策略与手段。但是不能交叉制订教学目标，切忌大而空。

（三）明确活动重难点

期望幼儿获得的经验，是本节课所要教学的最重要的内容或要训练的最主要的技能要求，是课堂结构的主要线索，教学中要明确目标，突出重点。

本节课教学中预计幼儿接受起来比较难的内容，既是幼儿学习的难点，也是教师教的难点，教学中要分析成因，突破难点。

（四）思考活动准备

思考活动准备包括经验准备和物质准备，内容有：幼儿经验准备，环境创设，教师和幼儿在活动中所需要的教学挂图、媒体、操作材料等。

1. 知识经验准备：内容、实现的方法、使用的时间。
2. 物质材料准备：教具、学具、道具、媒体、操作材料等。
3. 活动空间准备：座位的形式、场地的布置或清理。
4. 人员配置准备：活动需要谁配合，何时、何地、何事、何物。
5. 时间安排准备：每个环节的时间安排、比例。

（五）确定活动方法

根据不同的角度，幼儿园教育活动的方法会有不同的分类，一般分为以下 3 类。

1. 直观类方法：包括观察法、演示法、示范法、范例法、欣赏法等。
2. 语言类方法：包括讲述法、讲解法、谈话法、描述法等。
3. 实践类方法：包括练习法、操作法、游戏法、表达法等。

（六）设计活动过程

活动过程：是设计的主体，主要体现目标的实施过程和步骤，一般包括导入、主体、结束 3 部分。

1. 导入部分：主要任务是创设情境、导入活动，激发幼儿参与活动的兴趣。可以通过猜谜语、讲故事、提出生活中的问题、出示教具、设置情景等方式导入。常用方法有：直观导入法、演示导入法、作品导入法、游戏导入法、音乐导入法、经验导入法等。在这一阶段，教师的主要作用是提出问题，为启发幼儿的思考和下一步的活动做准备。强调自然导入，时间约占整个活动的 1/6。

2. 主体部分：是完成各项活动目标的主要过程。主要任务是教师引导幼儿主动学习、积极探索，以实现活动目标。可采用不同的方法和形式，如操作、练习、实验、讲解、讨论、谈话等，要求围绕目标、循序渐进、层次清楚，这一部分的时间相对较长，约占整个活动的 2/3。

3．结束部分：主要是归纳整理本次活动的内容。主要任务是小结幼儿学习的情况，并对幼儿提出延伸学习的要求。在这一环节中，教师可以进行整个活动的评价、小结或展示活动的成果，也可以让幼儿参与归纳整理、总结和评价。时间不宜过长，约占整个活动的 1/6。

（七）做好活动反思与小结

教师执行活动设计后，从目标完成、重难点突破、幼儿反馈等诸方面进行及时总结，进而发现教学的成功之处和缺憾之处，以便不断积累和总结教学经验，提高教学水平。

活动反思是教师的一种自我意识、思维习惯、批评精神，是教师提高自身的教学技能、实现自我专业成长的重要途径，也是教师必须树立的教学理念和应该具备的教学能力。它可以包括教案的执行情况、教学目标是否达到、教法的选择和应用效果如何、学生的反映、疑难问题、典型错误、经验体会、存在的问题、改进措施等。

三、备课工作标准

工作流程	工作标准
确定设计意图	结合幼儿的实际情况，切实想好设计意图。
拟定活动目标	1．体现三维目标，知识、能力与情感。
	2．符合纲要精神及本班孩子的学习特点和发展水平。
	3．兼顾幼儿的学习兴趣和学习价值。
明确活动重难点	1．期望幼儿获得的经验是重点。
	2．在教学中，教师要突出。
	3．预计幼儿接受起来比较难的内容是难点。
	4．分析教师教的难点，并努力在教学中突破难点。
思考活动准备	1．知识经验准备：内容、实现的方法、使用的时间等。
	2．物质材料准备：教具、学具、道具、媒体、操作材料等。
	3．活动空间准备：座位的形式、场地的布置或清理。
	4．人员配置准备：活动需要谁配合，何时、何地、何事、何物。
	5．时间安排准备：每个环节的时间安排、比例。
确定活动方法	1．直观类方法：包括观察法、演示法、示范法、范例法、欣赏法等。
	2．语言类方法：包括讲述法、讲解法、谈话法、描述法等。
	3．实践类方法：包括练习法、操作法、游戏法、表达法等。

续表

工作流程	工作标准
设计活动过程	1. 导入部分要采用合适的方法，激发幼儿参与活动的兴趣。
	2. 过程部分要采用不同的方法和形式，引导幼儿主动学习、积极探索，实现活动目标。
	3. 结束部分要小结幼儿学习情况，提出延伸学习的要求。
做好活动反思与小结	1. 从目标完成、重难点突破、幼儿反馈等方面进行总结。
	2. 发现教学的成功之处，同时指出缺憾。
	3. 积累和总结教学经验，不断提高教学水平。

四、备课工作范例

大班艺术活动：刮画《色彩的世界》

活动目标

1. 能使用各种线条和花纹来进行刮画创意。（技能）
2. 感受色彩变换的美，培养创造美和表现美的能力。（情感）

活动准备

1. 教师范例画。
2. 幼儿刮画纸（每人一张）、小刻刀（每人一把）。

活动重难点

1. 能使用各种线条和花纹来进行刮画创意。
2. 感受色彩变换的美，培养创造美和表现美的能力。

活动方法

观察法、示范法、操作法。

活动过程

导入：猜谜，引出活动。

教师：说它像鸡不是鸡，尾巴长长拖到地，张开尾巴像把扇，花花绿绿真美丽。

一、出示孔雀图片，师幼共同讨论。

提问：你在哪见到过孔雀？孔雀什么时候最美丽？它的羽毛是什么颜色的？

二、教师讲解、示范，了解刮画的方法。（重点）

1. 出示刮画纸，引起幼儿兴趣。

提问：这张纸上你都看到了什么？和我们平时画画的纸有什么不同？

2. 教师讲解、示范。

提问：和我们平时画画的方法有什么不同？

小结：刮画是运用工具将纸上原有的颜色刮出图案，刮掉的部分就像涂色颜色一样。

三、幼儿进行刮画，教师巡回指导幼儿。（难点）

1. 鼓励幼儿大胆尝试运用小刻刀进行刮画。

提醒幼儿注意合理布局，使孔雀上的花纹更加丰富饱满。

2. 根据幼儿的个体差异进行个别指导，鼓励能力强的幼儿创意出更多的图案。

四、幼儿作品展览。

鼓励让幼儿自由讲述自己的作品，启发幼儿相互评价作品。

活动反思

幼儿掌握了刮画的方法，并能使用各种线条和花纹来进行刮画创意，但在进行操作的过程中，幼儿对色彩的变换掌握的能力参差不齐，能力强的幼儿可以创作出更多的图案，但是有部分幼儿自我创作的能力较弱。后期应加强培养幼儿创造美和表现美的能力。

第二节　听课工作标准

一、概述

听课是对课堂教学进行监督、检查、指导的重要形式，也是教学管理的必要环节之一。

评课是对教师课堂教学进行分析评定、检查教学质量、总结经验的一种方式。听课与评课往往是一种前后连贯的活动，它既能有效监控和改善教学质量，也能有效促进教师专业的可持续发展。幼儿园的听评课活动，往往是以集体活动形式进行的，以某位教师的课堂教学为研究对象，记录此教学活动的过程和优缺点，在课后通过对照教学目标，以教师和幼儿在教学活动中的表现来判断目标是否达成。听课教师与授课教师进行讨论与互动，了解课堂教学中的问题，并分析原因，提出解决办法，从而促进幼儿园教学向高质量发展，同样也促进幼儿园教师专业成长，最终更好地促进幼儿的发展。

未来幼儿园，听课的工作依旧很重要，是教师交流学习和提升教学能力的一种有效方法和路径。未来幼儿园听评课的空间更大，在一个幼儿园内或同一个集团或联盟内，不必拘泥于实体平台，而是可以在虚拟空间集体或随喜好听课。评课也不再是一种单向的行为，更多趋向于双向的交流或多项的研讨。

二、听课工作流程

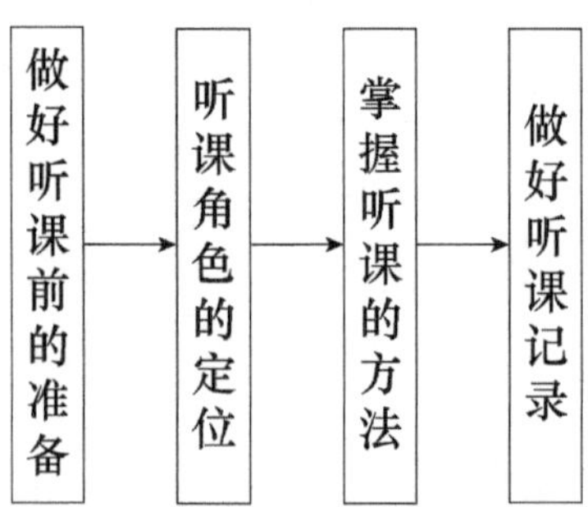

听课，其实是传统教学论中的提法。在幼儿园，听课更确切的表达是观摩一次活动的实施过程。在未来幼儿园的语境下，听课可能还会包括对一位教师一日活动实施和开展的观察。

这样，听课这一项工作的第一个环节应该是听课者事先了解或熟悉被听课者的活动方案。未来要真正达到听课对自身专业发展提升的效果，听课者在阅读活动方案后，应当以自己的立场设想“如果是自己，会怎么开展这个活动”，并对活动方案先进行一个初步评估。第二个环节是物质准备，包括常规的纸笔等记录工具或网络系统的准备。第三个环节就是进入现场（可以是实地也可以是网络平台的模拟现场）观摩。第四个环节应当有反馈交流，这与评课环节会有交叉。

（一）做好听课前的准备

在准备听课之前，首先要有思想准备，树立正确的儿童观和教育观，以儿童知识经验、发展水平为中心。然后要知晓听哪位老师的课，在什么时间、什么地点听，并且要提前熟悉示范课教师的教学活动设计，以及示范课教师所授课程的领域、名称、目标、具体内容等，进一步了解教育活动的组织类型是集体教学、分组教学还是游戏。最后还要在听课之前利用短暂的时间自我思考该活动应如何进行更好的目标定位和设计。

（二）听课角色的定位

进入听课状态中，要有 3 个角色意识：一是进入“幼儿”角色，站在幼儿的角度，使自己处于“学”的情境中，才能了解教师的“教”是否符合幼儿的需要；二是进入“教育者”角色，要从专业的高度，运用已有的教育理论和教学经验，对该活动进行分析和判断，并且要细心观察，敏锐地发现优缺点，以便在评课中进行评析；三是进入“管理者”角色，要有全局观，及时发现总结教师或幼儿在教育活动中存在的典型性和普遍性的问题，并将这些问题联系自己的教学进行反思，才能有的放矢地改进教学，提高教学质量。

（三）掌握听课的方法

在听课的过程中，要注意听什么，看什么，想什么。一听示范课教师是否讲得清楚明白，重点是否突出，提问是否合理，幼儿是否能听懂，幼儿有无参与回答；二看教师和幼儿在活动中的精神是否饱满，交谈是否自然亲切，教师使用的教具是否和教学内容相符合，课堂环境的创设是否能够支持活动的开展（要注意看幼儿有无参与教学活动的机会，幼儿的注意力是否集中，思维是否活跃，教学活动的时间长短是否合理等）；三想本节课的教学理念是否合理，教育目标是否明确，教学重点是否突出，教学难点是否突破，教学过程中是否做到了保教并重，教学有没有特色等。

（四）做好听课记录

在整个听课过程中，最重要的就是记录听课时听到的、看到的、想到的主要内容。一是记听课的日期、学科领域、年龄班、执教者、活动名称和活动的类型；二是记录教学的主要过程，比如活动的导入、环节的过渡、活动的提问、重难点环节的出现、活动的总结等；三是记录教育思想、领域渗透、教学内容的处理、教学方法的改革等方面值得思考的要点；四是记录幼儿在活动中的表现情况；五是记录对教育活动的简要分析。

三、听课工作标准

工作流程	工作标准
做好听课前的准备	1．做好思想准备。
	2．知晓示范课的授课教师、授课地点、授课内容、授课目标等基本信息。
	3．在听课前，对该活动的设计进行自我思考。
听课角色的定位	在听课的过程中，要以3个角色意识进行思考："幼儿"角色；"教育者"角色；"管理者"角色。
掌握听课的方法	1．听示范课教师是否讲得清楚明白，重点是否突出，提问是否合理，幼儿是否能听懂，幼儿有无参与回答。
	2．看示范课教师和幼儿在活动中的状态，看教师使用的教具、所准备的环境创设、幼儿的注意力、教学时间的长短。
	3．想本节课的教学理念是否合理，教育目标是否明确，教学重点是否突出，教学难点是否突破，教学过程中是否做到了保教并重，教学有没有特色等。
做好听课记录	1．记录教学活动的基本信息。
	2．记录教学的主要过程。
	3．记录教师的教学思想、领域渗透、内容的处理、教学方法等要点。
	4．记录幼儿在活动中的表现。
	5．记录对教育活动的简要分析。

四、听课工作范例

幼儿园中班听课记录及评析：萝卜回来了①

活动目标

1. 引导幼儿体会故事中人物之间的互相关心、互相帮助的美好情感。
2. 启发幼儿分析故事中的人物形象，提炼故事发展的线索。
3. 鼓励幼儿根据故事中人物的不同形象，设计表演的动作、神态及语言的基调。
4. 培养幼儿在共同布置场景、选择道具、表演故事时相互合作的能力。

① 资料来源：https://wenku.baidu.com/view/af572f9700d276a20029bd64783e0912a2167c2b.html，有改动。

活动过程

教师首先出示雪景图片，让幼儿了解雪。然后让幼儿欣赏故事《萝卜回来了》。

1. 理解故事第一环节——小兔送萝卜。

（1）小兔去找萝卜，学习句子“雪这么大，天这么冷，小猴一定很饿，我找到了东西，和它一起吃。”

（2）讲述故事：小兔找到萝卜后，抱着萝卜，跑到小猴家，屋子里一个人也没有，小兔就把萝卜放在桌子上，回家了。

2. 理解故事第二环节——小猴送萝卜。

（1）小猴去找萝卜，继续巩固句式“雪这么大，天这么冷，小熊一定很饿，我找到了东西，和它一起吃。”可是找了半天，小猴什么也没有找到，就空手回到家里。它看到了什么呀？（桌子上有只大萝卜）小猴高兴极了，它又会怎么做呢？

（2）讲述故事：小猴抱着萝卜跑到小熊家，可是门关得紧紧的，小熊也不在家。小猴就把萝卜放在窗台上，回家了。

3. 理解故事第三环节——小熊送萝卜。

（1）小熊去找萝卜，继续巩固句式“雪这么大，天这么冷，小兔一定很饿，我找到了东西，和它一起吃。”

（2）可是找了半天，小熊什么也没有找到，就空手回到家里。它看到了什么呀？（窗台上有只大萝卜）小熊高兴极了，它又会怎么做呢？

（3）讲述故事：小熊抱着萝卜跑到小兔家，这时候，小兔已经睡着了。小熊不愿意吵醒它，就把萝卜轻轻放在桌子上，回家了。

4. 理解故事第四环节——小兔醒来。

（1）小熊把萝卜送给谁了？小兔在干吗？小熊不愿意吵醒它，就把萝卜轻轻地放在桌子上，回家了。

（2）小兔醒来，它看到什么？它会说什么呢？（放录音）“萝卜回来了！”小兔说什么？它说这句话的时候心里怎么样？

（3）模仿小兔醒来的情景，模仿小兔子的话：“咦，萝卜回来啦！”

5. 再次欣赏故事《萝卜回来了》，理解朋友之间互相关爱之情。

（1）以三角形图示帮助幼儿理解故事中送萝卜的过程。

（听课评析：将送萝卜的过程设计成一个三角巡回的动画演示，非常生动、有趣，既自然地引导幼儿了解萝卜回来的过程，又有效地激发了幼儿的活动兴趣。）

（2）把送萝卜过程编成了歌曲。

歌曲内容：小兔子呀，送萝卜呀，送小猴，送小猴，小猴送给小熊，小熊送给小兔，萝卜回来啦，萝卜回来啦！

（听课评析：这个环节渗透了“多元智能”的理念，将音乐领域中的内容有机地整合在一起。通过渗透歌曲的感知教学，将这个相对较长的故事编成了幼儿容易理解、简单明快的歌曲，通过歌词，他们就能明了故事内容，非常符合中班幼儿的学习特点。）

（3）小结：你们喜欢故事里的小动物吗？为什么？我也很喜欢它们，因为它们愿意把最好的东西送给别人，真是一群相亲相爱的好朋友！

第三节 评课工作标准

一、概述

所谓评课，是指对课堂教学成败得失及其原因做中肯的分析和评估，并且能够从教育理论的高度对课堂上的教育行为做出正确的解释。具体地说，是指评课者对照课堂教学目标，对教师和学生在课堂教学中的活动以及由此所引起的变化进行价值的判断。幼儿园评课是指对幼儿园教师所组织进行的教学活动的成败得失及其原因做中肯的分析和评估，并且能够从幼儿教育理论的高度对课堂上的教育行为做出正确的解释。评课是幼儿园教学、教研工作过程中经常开展的一项活动[①]。

评课可以看作是对听课活动的延续，是重要的教学研究活动。评课的过程也是很好的研讨过程，既是听课者与授课者之间的交流，也是评课者之间的交流。因此，评课活动可以促进团队对教学的反思，从而促进整体的教学提升。

二、评课工作流程

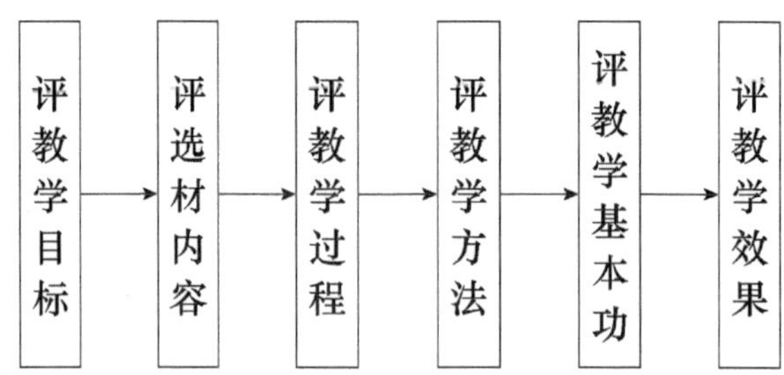

对评课工作流程影响较大的未来元素，更多地体现在评课智慧平台的使用上。评课者的评价内容和讨论观点，可以在一定周期内存在于系统中，既能方便个体参考，也能成为教师专业发展、团队教学研究的激励元素和成果。

（一）评教学目标

教学目标是教学的出发点和归宿，它的正确制订和达成，是衡量一堂课好坏的主要尺度。因此，评课首先要对该节课教学目标进行分析。在评教学目标的时候，要结合《纲要》《指南》和所选内容、幼儿学习的特点及发展需要，从知识、技能、能力、情感、态度等目标进行设计。知识、技能目标，即通过学习让幼儿在基础知识和基本技能上达到一个什么标准，是掌握还是理解、知道等。能力目标，即通过学习让幼儿在能力、意志、性格、体力等身心发展上要达到一个什么标准。一般而言，能力是由观察、思维、记忆、想象等方面构成的，其中思维能力是核心。情感、态度目标，即通过学习让幼儿养成良好的情感态度和审美观。

① 李艳丽，李玮，2016. 幼儿园教研之说课、听课与评课［M］. 北京：中国轻工业出版社：124.

（二）评选材内容

评析一节课的好与坏，不仅要看教学目标的制订和落实是否准确、科学，还要看教师对活动内容的选择是否恰当，对教材理解是否透彻，更要注意分析教师在教材处理和教法选择上，是否突出了重点，突破了难点，抓住了关键①。

具体可以从以下几点入手：

1．选材是否符合幼儿生活经验水平、认知规律以及心理特点。

2．教师对教材的处理是否准确（即是否对教材进行合理的调整充实，是否重新组织、科学安排教学程序，选择好合理的教学方法）。

3．是否突出了重点，突破了难点，抓住了关键。

（三）评教学过程

1．看教学思路、脉络、主线是否清晰，由浅入深，层层递进，如果有提供教案，还要看设计思路与实际教学操作是否符合。

2．看教学的结构安排是否合理，是否存在伪商量、伪讨论、高控状态。看教学环节时间分配和衔接是否恰当，有没有“前松后紧”或“前紧后松”的现象；看指导与练习时间搭配是否合理；看突破重点和难点的环节是否有保证；看幼儿个人活动、小组活动和集体活动时间分配是否合理，有没有重集体活动轻个体活动的现象。

3．看教学思路设计是否符合教学内容实际，是否符合幼儿实际；看教学思路的设计是不是有一定的独创性，超凡脱俗给幼儿以新鲜的感受；看教学思路的层次，脉络是不是清晰；看教师在活动中教学思路实际运作效果。

（四）评教学方法

评析教师教学方法、教学手段的选择和运用，是评课的又一重要内容。所谓教学方法，就是指教师在教学过程中，为完成教学目的、任务而采取的活动方式的总称。但它不是教师孤立的单一的活动方式，它包括教师“教学活动方式”，还包括学生在教师指导下“学”的方式，是“教”的方法与“学”的方法的统一。评析教学方法与手段，包括以下几个主要内容②：

1．看是不是量体裁衣，灵活运用。

2．看教学方法的多样化。

3．看教学方法的改革与创新。

4．看现代化教学手段的运用。

（五）评教学基本功

1．看教态：仪表端庄，举止从容，态度热情，热爱幼儿，师幼情感交融。

---

① 李艳丽，李玮，2016．幼儿园教研之说课、听课与评课［M］．北京：中国轻工业出版社：134.

② 李艳丽，李玮，2016．幼儿园教研之说课、听课与评课［M］．北京：中国轻工业出版社：136.

2．看语言：语音标准、语言简练、表达清楚，语调高低适宜，快慢适度，富于变化。“三语”（引导语、过渡语、提问语）是否明确，富有启发性。

3．看操作：看教师运用教具、多媒体课件等方面的情况。

4．看课堂调控能力：回应幼儿的能力、调整预案的能力等。不同地域、不同环境的幼儿的回答是不同的，这就需要老师的临时应变、反应快。

（六）评教学效果

评教学效果，即看预定的目标是否达成；看教学活动氛围是否宽松愉快；看幼儿兴趣是否浓厚；看参与是否积极主动；看幼儿知识、技能、能力、情感态度是否得到提高等。

三、评课工作标准

工作流程	工作标准
评教学目标	1．教学目标全面、具体、适宜。
	2．重点和难点的提出与处理得当，抓住关键，能以简驭繁，所教知识准确。
	3．教学目标达成意识强，贯穿教学过程始终。
评选材内容	1．选材是否符合幼儿生活经验水平、认知规律以及心理特点。
	2．教师对教材的处理是否准确（即是否对教材进行合理的调整充实，是否重新组织、科学安排教学程序，选择好合理的教学方法）。
	3．是否突出了重点，突破了难点，抓住了关键。
评教学过程	1．教学思路清晰，课堂结构严谨，教学密度合理。
	2．面向全体，体现差异，因材施教，全面提高幼儿素质。
	3．传授知识的量和训练能力的度适中，突出重点，抓住关键。
	4．给幼儿创造机会，让他们主动参与，主动发展。
	5．体现知识形成过程，结论由幼儿自悟与发现。
评教学方法	1．精讲精练，以思维训练为重点。
	2．教学方法灵活多样，符合教材、幼儿和教师实际。
	3．教学信息多项交流，反馈及时，矫正奏效。
	4．从实际出发，运用现代教学手段。
评教学基本功	1．用普通话教学，语言规范简洁，生动形象。
	2．教态亲切、自然、端庄、大方。
	3．能熟练运用现代化教学手段。
	4．调控课堂能力强。

续表

工作流程	工作标准
评教学效果	1．看预定的目标是否达成。
	2．看教学活动氛围是否宽松愉快。
	3．看幼儿兴趣是否浓厚；看参与是否积极主动。
	4．看幼儿知识、技能、能力、情感、态度是否得到提高等。

四、评课工作范例

大班科学活动“有趣的蚯蚓”评课稿[①]

一、评选材

都说“选择一个好的教材，活动就成功了一半”。蚯蚓是幼儿非常感兴趣的一种动物，也是生活中一种既熟悉又陌生的动物。因为它生活在泥土中，我们只能在雨后或是在农田、花坛里见到它的身影。幼儿虽对它的名字耳熟能详，但并不真正了解这一种动物。教师能够从生活中挖掘教材，从幼儿的兴趣出发，说明教师不仅关注到了选材的生活化，也关注到了幼儿对科学活动、对动物探究的兴趣，这一点是非常好的。

二、评目标

这个活动的目标制订准确到位，可操作性强，符合大班孩子的年龄特点，能够充分地激发幼儿的科学探究精神。科学活动的最大目的是能让幼儿通过对科学现象的观察和探究，对自己的思考进行验证、了解，从中获得正确的科学知识。我认为这个活动有操作、有展现，有成功、有体验，其目标可以制订为：

1．认识蚯蚓的外形特征，初步了解蚯蚓身体的结构，重点了解环节、皱褶、环带3个结构特征。

2．激发幼儿对动物探究及保护动物的欲望。

三、评准备

科学活动是非常严谨的一种活动。我们不仅要让幼儿从观察中、体验中去了解、认识事物，更应该将清晰准确的知识点赋予幼儿。

在知识经验的准备中，我们能很清楚地知道，幼儿已经有了《蚕宝宝》的知识经验可以借鉴，教师也已事先将蚯蚓投放到班级的自然角中让幼儿观察。为了讲解的正确性，老师还利用网络查找了蚯蚓的相关资料，在活动中准备了“环节”“皱褶”“环带”等专有名词。

在物质准备上，老师不仅将小蚯蚓请到了活动的现场，更准备了放大镜让幼儿能更清楚地进行观察。老师准备的蚯蚓课件也能帮助幼儿更清楚地了解到蚯蚓各部分的特征，了解蚯蚓的生活环境。

① 黄蓓芬，2012．大班科学活动“有趣的蚯蚓”评课稿：青阳街道幼儿园教师评课比赛评课稿［J］．新课程（小学）（7）：184-185．

四、评活动过程

[优点]

1. 从各个环节来讲，整个活动构思巧妙，各个尝试环节由浅入深，层层递进，环节过渡自然，层次清晰。老师能够逐层深入地引导幼儿进行活动，从整体观察到局部观察，从回忆蚕宝宝的身体结构到观察蚯蚓的身体结构、分辨其头尾的不同，从观察体验蚯蚓如何爬行到激发幼儿探究蚯蚓遇到障碍时怎么办，生成新的课程，层层深入、环环紧扣，做到了不多余、不浪费，使科学教育成为引发、支持和引导幼儿探索并获得有关经验的过程。

2. 老师思路清晰，能通过提问引发幼儿探究的欲望，并能将幼儿发现的新问题通过反问抛回给幼儿，通过有效的提问让幼儿在观察、体验、讨论中自己解决问题。如幼儿在发现蚯蚓的两头不同时，引导幼儿思考如何分清头尾，将这一问题反抛给幼儿，让幼儿再次观察、讨论后得出了靠近环节的那一边是头或是可以向前爬的那一边是头的答案。

3. 教师重视用鼓励的方式激发幼儿表达的欲望，例如，表扬幼儿说得很好等，并用"有谁要补充，谁有不同意见"等话语，充分地调动幼儿教育的积极性，使幼儿能将观察到的现象用较完整的语言表达出来。

4. 能够抓住幼儿回答时的重点，将科学、准确的知识传递给幼儿。例如，在整体观察蚯蚓的身体结构时能抓住"蚯蚓身上是一节一节的"这一句话，及时将"环节"这个蚯蚓特有的结构特征的知识点引出；在幼儿说到蚯蚓的嘴时，能将"在头上一伸一缩的，灰灰的，有点像三角形的东西叫作皱褶"这一知识点传递给幼儿。

5. 整个活动推翻了以前惯用的填鸭式教学模式，而让幼儿在观察、思考中取得经验，让幼儿进行总结，保证了幼儿主体活动的时间，充分发挥了幼儿的主体性。

6. 活动的氛围宽松，提供了一个让幼儿能够更积极、更自由探讨的空间，契合了《纲要》中所要求的让幼儿积极进行探讨活动的观点。教师在活动中适时地加入幼儿观察的行列，通过观察前的猜想、观察时的引导、验证、观察后的回答让幼儿在体验、争论中寻找答案。教师在其间起到的仅仅是纽带的作用，完全没有左右幼儿的观察与思考。

7. 教师对幼儿情绪的掌控较好，虽不能将原先设计的活动全部完成，但却将幼儿的探究兴趣留在最高点上了，适时地结束了活动。

[缺点]

1. 活动中教师对于幼儿的讨论结果没有进行有效的提升、小结，没有给予幼儿一个肯定的、明确的有关蚯蚓的身体结构特征的结论，这是一个较大的缺失。

2. 在体验蚯蚓爬行活动前，对于预防幼儿在地上爬行准备不足，没有考虑到卫生这一方面，以至于出现了部分幼儿直接在地上爬的现象。

3. 在各环节的时间分配上出现了前松后紧的情况，这也导致了原先的活动设计无法完成的后果。

4. 整个活动中对于幼儿生活经验的迁移以及爱护动物、保护大自然的情感教育较为不足。

五、评教师动态

从活动的过程可以看出这位老师是一位教学经验非常丰富的老教师。她的教态自然生动，语言清晰、简洁，提问有效、到位，并能及时地根据幼儿的反应、问题生成新的问题，并能够将生成的问题抛回给幼儿，让幼儿从自己的发现中提升经验进行回答。在幼儿观察体验时能适时地进行引导、帮助幼儿，适时地引导幼儿从网络、书籍中探索、学习。

六、评互动

在这一活动中，老师有效地引导幼儿与材料互动，讨论的氛围非常好。

1. 材料与幼儿教育的互动：老师不仅让小蚯蚓走进了幼儿的生活，让幼儿体验到了蚯蚓胆小的特性。并通过 3 次观察，让蚯蚓和幼儿得到了最大限度上的互动，有关蚯蚓的课件也得到了很大程度上的使用。

2. 生生互动：在活动中幼儿都能够下意识地在探究时进行互相讨论。老师通过“谁有不一样的想法”的提问让幼儿将自己不同的观点进行了表述，很好地做到了生生互动。

七、评幼儿学情

在这个活动中，幼儿能积极、主动地学习，在老师的适当引导下，幼儿能较好地将自己的发现进行表达和交流，充分体现了幼儿的主体性。做到了《纲要》中所要求的“让幼儿有对科学现象探索、求知的欲望，能够主动地学习”。

八、建议

我觉得这个活动如果能把学习的环境放在大自然中，让幼儿在认识蚯蚓的身体结构，能分清头尾后，将蚯蚓放回大自然、放回泥土中，再观察蚯蚓是如何爬行会更好。这样做的优点是：①能够让幼儿从潜意识中增强爱护动物、保护大自然的情感体验；②能够更真切地体验到蚯蚓在泥土中是如何爬行的或蚯蚓是如何用尖尖的头钻进泥土中的现象；③能够丰富幼儿的生活经验。

在后续的活动中，不仅可以让幼儿去观察蚯蚓爬行时遇到障碍怎么办，还可以引导幼儿观察蚯蚓吃什么食物，让幼儿了解蚯蚓对植物生长、对环境保护的巨大作用，从而了解蚯蚓是益虫。

九、评教学效果

活动中幼儿学习主动，教师思路清晰、层次清楚、环环相扣，无论是从环节的设计、教学策略的实施，还是目标的达成评价，都可以算是一堂成功的科学活动课，是一次值得我们借鉴及思考的活动。

第四节　撰写计划工作标准

一、概述

幼儿园教师撰写计划一般包括幼儿园教育计划和教师个人计划。幼儿园教师制订工作计划有助于增强教育的目的性和自觉性，可使教育工作更具有针对性，可保证教育工作系统地进行，并可确保教育工作的协调配合。制订幼儿园教育计划即指依据课程目标，对一定时段内的教育工作系统地进行设计和安排。总体上，幼儿园教育计划应该包括以下几个方面的内容：教师按课程要求有目的、有计划设计和组织的教育活动；幼儿在园一日生活的安排与组织；幼儿自选活动的组织与指导；幼儿园教育环境的创设和利用；

幼儿园家长工作和与社区的联系等。与各层次课程目标和各时段相对应，幼儿园教育计划分为：年龄班（全年）计划、学期计划、月（周）计划、具体教育活动计划[①]。教师个人计划一般是在新学期伊始，教师自身结合所在班级的工作开展情况，从思想政治、自我学习、教育教学、家长工作等方面撰写。

在未来幼儿园中，撰写计划的变化首先会体现在计划内容或许会根据更多低结构的课程活动调整外，较为外显的变化就是，教师的计划撰写完全在计算机上操作完成，并且自动形成存档，成为教师发展考核材料的一部分。

二、撰写计划的工作流程

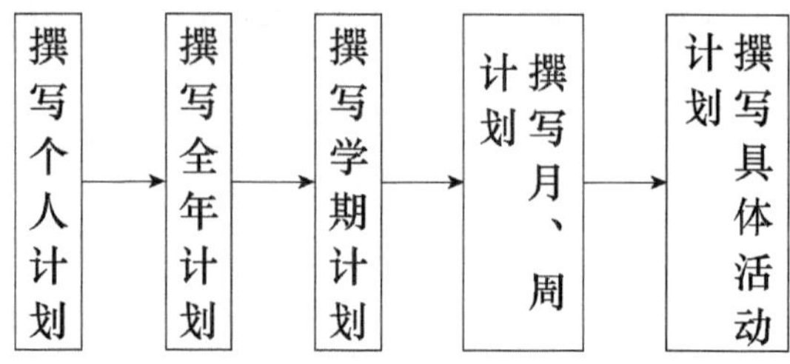

（一）撰写个人计划

幼儿园教师在每学期开学之前会撰写新学期个人工作计划，工作计划的撰写要求简明扼要、具体明确，用词造句必须准确不能含糊，一般会结合教师所在班级的情况进行分析，在思想政治、自身学习、教育教学、家长工作、保育工作、安全工作等方面展开。

（二）撰写全年计划

年龄班（全年）计划是一个整体性规划，一般由园领导组织有关教师集体制订，年龄班（全年）计划是在说明各年龄班的课程目标、对全园的教育资源做出统筹安排、考虑全园全年重大活动的基础上，对各年龄班全年的课程范围和进度做出计划。比如，若采用“主题综合课程”，要制订出全年的活动主题及顺序，每个主题的教育要点、教育环境创设要求、主要活动内容及所需时间。

（三）撰写学期计划

学期计划一般由班级教师共同制订，它是依据年龄班的课程目标和计划制订出学期的课程目标和活动安排。实质上它是对全年计划按学期进行划分。

（四）撰写月、周计划

月、周计划同样是由班级教师共同制订，它是依据年龄班的课程目标和计划制订出学期各月、周的活动安排。实质上它是对学期计划按月、周进行划分。

---

① 陈幸军，2010．幼儿教育学［M］．北京：人民教育出版社：203．

（五）撰写具体活动计划

具体的教育活动计划包括一日活动安排和活动设计，也由班级教师共同制订。一日活动安排是对一天的各个具体时段上的活动做出安排，这种安排一般要注意以下几个方面：各种类型的活动综合考虑、平衡安排；遵循动静交替的原则；尽量减少环节的转换，并使用相对稳定的一日日程表以形成制度。活动设计以教案的形式呈现。

三、撰写计划工作标准

工作流程	工作标准
撰写个人计划	1．简明扼要，具体明确。
	2．包括思想政治、自身学习、教育教学、家长工作、保育工作、安全工作等内容。
撰写全年计划	1．对各年龄班全年的课程范围和进度做出计划。
	2．制订出全年的活动主题及顺序，每个主题的教育要点、教育环境创设要求、主要活动内容及所需时间。
撰写学期计划	依据年龄班的课程目标和计划制订出学期的课程目标和活动安排。
撰写月、周计划	1．周计划要注意教师发起的活动与幼儿自发活动及其他各活动之间的协调。
	2．依据年龄班的课程目标和计划制订出学期各月、周的活动安排。
撰写具体活动计划	一日活动的整体设计，要有详有略，讲究实用。

第五节　撰写总结工作标准

一、概述

幼儿园教师的工作总结样式很多，既有综合性的工作总结，又有单项教育活动总结等。幼儿园教师工作总结涉及内容较多，只要是教师工作计划列入的项目，都可以做总结。幼儿园教师除了要在学期、学年终结时进行工作总结外，还应在期中、某项活动完成后对其进行总结。无论什么形式的总结，都是对教师的某项工作的回顾和评价，是某项活动终结的一个环节。[①]

（一）撰写日常总结

日常总结记录就是按计划进行一次教育活动之后，对这些活动情况分析的简要记载，

① 袁归仁，庞丽娟，2003．中国教师新百科幼儿教育卷［M］．北京：中国大百科全书出版社：206.

最好是进行活动后的当天就完成记录，这样做能够保证情况清晰、判断准确、材料科学。结合幼儿园教师的工作内容可以包括：

1．对工作开展的顺序、采用的方法、选择的内容等方面进行总结。

2．对幼儿反应的总结主要包括幼儿是否对内容表现出兴趣，多大比例的幼儿表现出兴趣。

3．对自身表现的总结包括教育教学的方式、方法是否适当，是否体现了科学教育教学观念思想，是否发挥了幼儿学习的主体性等。

（二）撰写阶段性总结

阶段性总结则是对一段时间内教育工作的回顾、概括和提炼。它应以日常记录作为依据。通常包括中期总结、期末总结、年度总结等。幼儿园教师在进行工作总结时，切忌将工作总结写成对实际情况的一种现状描述，而应从批判性反思的角度去回顾、评价自身的工作，哪些地方存在问题，问题的症结在哪里，并以此为基础找出解决问题的多种途径、方法，然后在实践中进行检验，再进行总结，从而使自身在实践和理论两个方面都获得提高。

二、撰写总结的工作流程

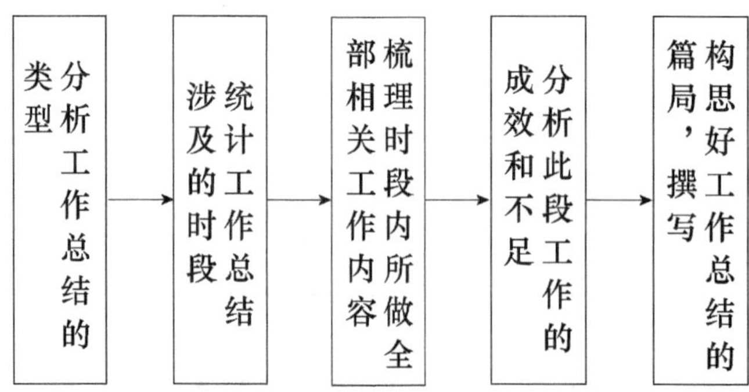

同工作计划一样，工作总结中较为明显的变化，就是利用智慧系统完成和保存工作总结。此外，工作总结，不再是像传统做法那样非要到期末或者一件活动完结才进行的工作。因为智慧系统的存在，教师有自己的成长档案，对活动或工作有了反思和体悟，都可以随时记录在相应版块，一个周期（灵活和弹性的）内，教师可以操作，进行汇总和自动生成。总结就变得具有过程性和生成性，一定程度上能避免把总结作为一项“应对性”工作去敷衍。

（一）分析工作总结的类型

按照不同的分类标准，工作总结可以分为不同的类型。按照时间阶段划分，有年度工作总结、季度工作总结、月工作总结、周工作总结等；按照学期、学年划分，有春季学期工作总结和秋季学期工作总结，有些直接称为“第××学期工作总结”；按照专题内容划分，有保教活动工作总结、教研活动工作总结、班级管理工作总结、家园共育工作总结等。不同类型工作总结的内容和写法是有区别的，因此写工作总结之前，应当分析自己要写的是什么类型的工作总结。

（二）统计工作总结涉及的时段

统计工作总结涉及的时段，直接影响撰写内容的梳理及分析的准确性，因此写工作总结的时候要界定清楚。

年度、学期等按照时间划分的工作总结，很容易界定其所涉及的时段。专题性工作总结却容易产生“东拉西扯”不严谨的现象。对于这类工作总结，撰写者首先要明确专题工作开始的时间（含孕育、准备和实施的时间），然后再根据工作总结撰写的时间去确定总结能囊括到的时间节点，或根据相关要求确定总结要写的时段。

（三）梳理时段内所做全部相关工作内容

梳理时段内所做的全部相关工作内容，就是根据上一步骤确定的时间节点，按照一定的逻辑对所做工作进行分类。可以按照时间统计内容，也可以按照工作内容的类别和属性进行分类统计。比如某学期工作总结中，可以按照与幼儿合作、与家长合作、与同事合作来梳理本学期你所做的工作内容，也可以按照幼儿园工作内容版块（如保教工作、家长教育工作、安全卫生工作等）进行分类梳理。

这些内容是工作总结的主体部分，它直接影响着工作计划的完成和目标的达成情况，也是反思和展望的基础。

（四）分析此段工作的成效和不足

对工作成效和不足的分析，是一份工作总结质量升华的体现。它有利于自己和其他管理者和组织者进行有效评价和确定下一步计划与工作方案。

分析工作成效与不足，要参考工作计划的任务和目标要求，分析任务完成和目标达成的情况如何；要调查利益相关群体，了解他们的反馈是什么。根据达成情况和反馈情况，如实总结完成得好的地方和不好的地方。还要进一步分析、总结成效的经验和不足的原因，最后得出后续工作改进的对策。

（五）构思好工作总结的篇局，撰写

从一定程度上说，工作总结是一份严谨的文案，应当有基本的文字规范和文体规范，内容完整，逻辑清晰，文字通顺。

在内容架构上，一份工作总结的基本要素通常包括：标题（×××工作总结）；完成工作事项；工作成效与不足；今后的任务。

在文字表述上，最基本的要做到文通字顺。工作总结属于应用文体例，文字崇尚朴素平实，多白描，少空泛矫饰。

三、撰写总结工作标准

工作流程	工作标准
分析工作总结的类型	明确的工作总结类型。
统计工作总结涉及的时段	有清晰明确的工作时段标注。
梳理时段内所做全部相关工作内容	呈现的工作内容与工作总结类型一致；工作内容属于相应的工作时段。
分析此段工作的成效和不足	工作成效有依据，体现在哪些方面、反馈及经验；工作不足有分析，包括表现、原因和改进对策。
构思好工作总结的篇局，撰写	内容完整、逻辑清晰、文字通顺。

第六节　主题活动策划工作标准

一、概述

主题活动是以一个话题为中心，进行延伸扩展，进而形成更多的话题和活动，在活动中贯穿语言、数学、空间、运动、音乐、人际等能力的培养目标。幼儿园主题活动是以主题形式开展的幼儿园教育教学活动，它作为幼儿园教育活动的一种组织形式，最早可追溯到陈鹤琴先生的“单元教学法”。现代幼儿园积极探索实践的综合课程、主题活动等都是对陈鹤琴“单元教学法”的继承与发展。它们都强调幼儿园教育活动的整合性，都是围绕一个主题，师生共同建构一系列活动。

我们倡导未来幼儿园的主题活动，是根据幼儿的兴趣发起和确定的，并为幼儿兴趣进一步发展提供项目式学习机会。

二、主题活动策划工作流程

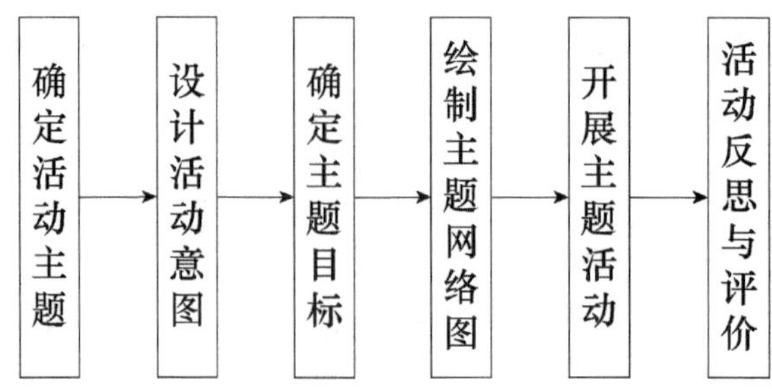

（一）确定活动主题

确定活动主题是在开展主题教学活动前首先要思考的问题。在选择主题时需考虑：这一学期幼儿发展的总目标、这一阶段幼儿的兴趣与需要，也会结合季节、节日等选择主题。

（二）设计活动意图

确定活动主题后，需结合总目标、幼儿的兴趣和现有水平等，进一步确定设计主题活动的明确意图。

（三）确定主题目标

主题活动目标就是通过主题活动孩子可以从中获得什么。

（四）绘制主题网络图

主题确定了以后，鼓励幼儿根据自己的需要和兴趣提出问题进行探讨，通过谈话、绘画等手段引导幼儿共同罗列出与主题相关的内容，确定以幼儿学习和发展目标为导向的活动。这需要幼儿园教师非常熟悉并灵活掌握幼儿园五大领域内容架构及其内涵、目标等。绘制主题网络图的优点是幼儿所学知识和经验体系性强，学习领域相对均衡，能较全面落实幼儿学习与发展目标。

（五）开展主题活动

最后围绕确定好的主题开展具体的教育教学活动。

（六）活动反思与评价

对主题活动的开展进行总结反思。

三、主题活动策划工作标准

工作流程	工作标准
确定活动主题	结合幼儿发展的总目标、这一阶段幼儿的兴趣与需要，以及季节、节日等选择主题。
设计活动意图	明确此活动主题开展的意图和设计思路。
确定主题目标	通过主题活动幼儿可以从中获得什么。
绘制主题网络图	鼓励幼儿根据自己的需要和兴趣提出问题并进行探讨、绘制主题网络图。
开展主题活动	将主题活动实施到具体的教育教学中去。
活动反思与评价	对主题活动开展的效果进行反思总结。

四、主题活动策划工作范例

主题活动策划案例——我住的地方

一、设计意图

进入十月，班里幼儿经常和我聊起这样的话题："妈妈昨天带我去买衣服，让我自己挑选喜欢的衣服。”“星期天爸爸妈妈一起带我去逛街了。”“我妈妈最喜欢去我们小区外面的美容院。”“老师，为什么马路上要有那么多红绿灯，我爸爸开车一会儿停，一会儿停，开也开不快。”……显然，幼儿与父母一起外出时，会对看到和经历的许多事情萌生自己的看法，这些看法涉及幼儿的衣、食、住、行等日常生活。

对于中班幼儿而言，正处于一个各种能力逐步发展和提升的年龄段，其有意识行为开始发展，游戏活动中的表征水平逐步提高：愿意尝试使用各种材料、工具和方法，进行拼装、拆卸、制作和绘画，学习欲望高涨；喜欢与同伴交往，能够体会成功的快乐。总之，幼儿不断开拓的生活面以及不断得到提升的生活能力和思维水平，为其广泛接触周边生活，积累生活经验，并进而形成作为社会人应该具备的基本行为规范打下了基础。

因此，我们以幼儿近阶段的关注点或兴趣点为切入口，整合相关教材中的主题形成了新的主题：“我住的地方”。我们试图通过情境性区域活动、建构游戏以及集体教学活动，让幼儿在游戏性学习中，模拟并再现现实生活场景，增进幼儿对社会环境的了解和理解，激发幼儿对未知世界的探究兴趣，萌生热爱生活的情感。

二、主题目标

1. 能够用简单的方法，初步发现环境和交通等生活设施对人类生活的影响，对周边生活环境产生亲近感。

2. 愿意尝试使用各种材料和工具进行拼装、制作和绘画，激发想象力，体验成功的快乐。

3. 学习并学会运用结伴、轮流、请求和商量等方式与同伴交往。

三、主题网络图

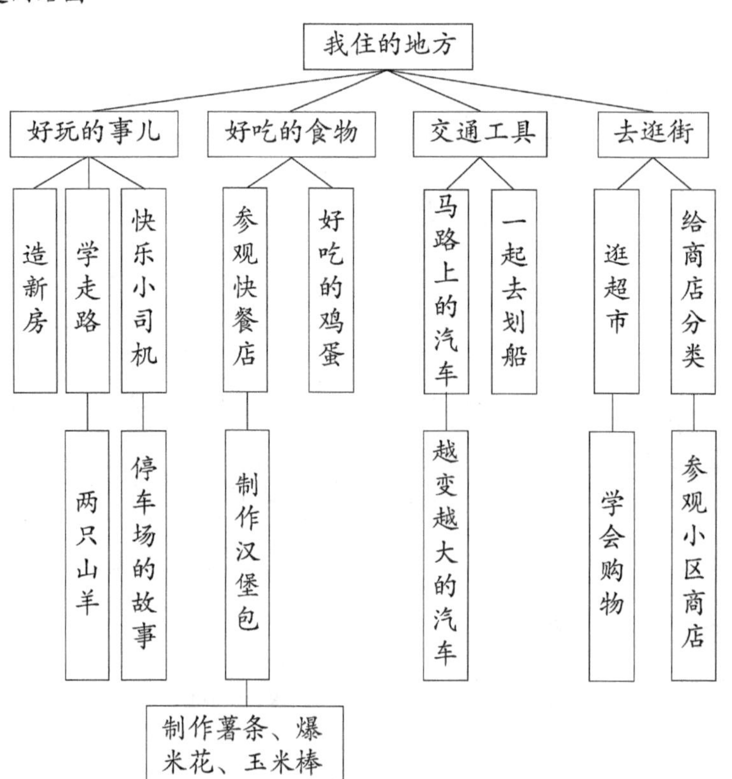

四、具体的活动

方案一：参观小区商店

活动目标

1. 对小区里各种商店感兴趣，体验小区商店给日常生活带来的便利。

2. 了解小区商店的类型及所售卖的货品，尝试为小区商店起名字。

活动准备

让幼儿熟悉小区周边环境；照相机。

活动过程

（一）明确参观要求，引起兴趣

1. 提问：早上来园的路上，你看到小区里有哪些商店？

2. 介绍参观地点、参观要求（内容、礼仪、安全等），了解商店用途和商品种类。

（二）幼儿实地参观

提问：看一看，商店里有什么？听一听，营业员和顾客讲些什么？问一问，这是什么商店？

（三）交流与分享

1. 集体交流参观时的所见所闻。

2. 尝试给商店起一个合适又好听的名字。

活动建议

教师在带领幼儿参观时可拍下幼儿参观的情景，在交流和分享环节让幼儿重温或看图讲解。

方案二：学会购物

活动目标

1. 能够大胆运用礼貌用语与人交往。

2. 会准确使用购物用语购买物品。

活动准备

事先与小区商店联系，明确配合要求；每个幼儿自备两元钱；照相机等。

活动过程

（一）情境导入，激发幼儿购物兴趣

1. 出示小区地图，认识小区商店的标志和位置。

2. 告知幼儿购物要求。

3. 分发钱款：这是多少钱？可以干什么用？

（二）现场体验，学会购物

1. 幼儿自选喜欢的物品；

2. 幼儿与营业员沟通，购买物品。

（三）交流经验

提问：

1. 你是怎么找到你要买的物品的？（引导幼儿根据各自的购物经验说出不同的方法，如询问、看指示牌等。）

2. 有的小朋友想要买的物品超出两元钱，怎么办？

……

第十章　未来幼儿园教师教科研工作标准

一名优秀的幼儿园教师要以理论基础武装自己，以专业知识指导教学实践。因此，幼儿园教师的专业成长是至关重要的，幼儿园教师专业发展（成长）是指幼儿园教师个人在专业生活中的不断成长，包括信心的增强、技能的提高、有关知识的不断更新、拓宽和深化等，是实现幼儿园教师专业化的本质要求。

现代社会发展和教育改革要求幼儿园教师要从教学计划、教育方案的实施者转变为教育实践的研究者，不仅明白怎样实施，还要清楚地知道为什么这样实施。科研过程中，教师从理论学习，查阅资料，分析思考，调查研究，到加工制作材料，方案实施，再到反思提炼精华，再到论文撰写发表，通过学习和反思进行专业成长的过程。在未来幼儿园中，教科研是促进幼儿园教师专业成长的最有效的途径之一。

第一节　幼儿园教师教研工作标准

一、概述

教研，顾名思义，就是教学研究，是针对某一具体教学行为、教学活动、教学事件和教学段落的研讨和分享，其目的不在于构建理论，不在于发现新的教学规律，而在于如何运用这些教学规律对当前的教学活动和教学事件进行分析、评估和探查，进而发现当前教学活动中存在的问题、可以采取的改正策略等。教研活动组织有 3 个层次：园长层、教研组层、教师层。园长层是决策层，要对教研活动有整体规划和设想，它决定着教研活动的方向与水平，这一层次的职责就是制订开展教研活动的总的思路方针。教研组层组织教研活动的实施与开展，教研活动主要是通过教研组得以落实的。教研组是为教研活动服务的，因此它的规模与类型可多种多样，幼儿园可根据教研活动的需要及本园的实际情况而定，如上午班、下午班、专题组、学科组。教师层即具体教研活动的执行者。教研活动针对性强，主要解决教育实践中存在的问题和难题，有助于改进工作效果，提高教育质量；教研活动是提高教师业务水平的重要途径，直接影响着幼儿的教育质量；教研活动可以激发教师的敬业精神。

二、教研活动工作流程

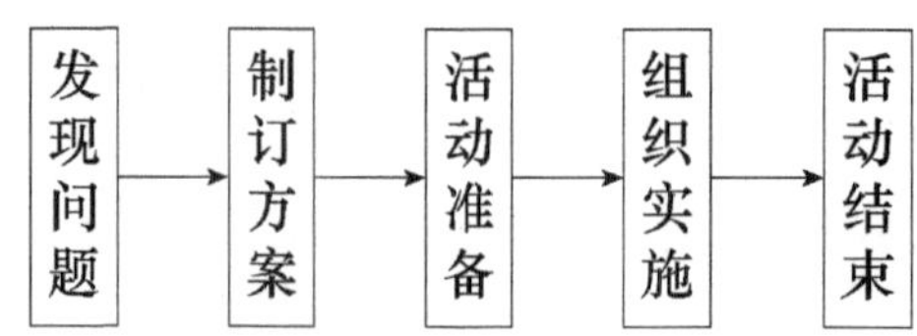

（一）发现问题

1．观察和记录幼儿在一日生活中的行为，从研究幼儿中发现问题。

2．观察和记录幼儿园教师的教养行为，从研究教师中发现问题。

3. 以教师为研究主体，以专业研究人员为合作伙伴进行园本课程的实践性教学研究。

（二）制订方案

1．根据发现的主要问题确定教研活动的主题。

2．活动方案包括主题、缘由、目的、形式、议程、出席对象、时间、地点、资料准备、主持人。

3．活动方案由专人负责制订，经过园长审阅通过后实施。

（三）活动准备

1．方案中的所有参与人员通知到位。

2．所有参与人员对本次教研活动的主题、目的、内容和流程有较清晰的认识，且提前进行相关准备。

3．提前准备活动所需材料等物品。

（四）组织实施

1．按照教研活动方案按时组织实施。

2．主持人介绍本次教研活动的主题、缘由、目的、形式以及参会人员。

3．教师采用不同的形式讨论活动主题，记录讨论的内容，形成自己的观点。

4．教师代表向与会者分享自己或本组教师的观点，取长补短。

5．教师围绕本次教研活动提出困惑，教研组长或者本园的教研人员答疑。

（五）活动结束

1．进行活动总结，得出本次教研活动的讨论结论。

2．与会教师及时把教研活动的结论运用于教学实践活动中，理论联系实际，检验教研活动的有效性。

3．教学实践后认真反思和总结，在下一次教研活动中分享。

三、教研活动工作标准

工作流程	工作标准
发现问题	1．发现的问题具有本土（本园）性。
	2．发现的问题具有针对性。
	3．发现的问题具有真实性。
	4．发现问题的研究人员具有多元性。

续表

工作流程	工作标准
制订方案	1．教研主题明确，具有典型性。
	2．教研主题具有潜在价值性，解决后能有效提高教师教育教学的实效性。
	2．活动方案有特色，具有创新性。
	3．活动方案的内容完整。
	4．活动方案的流程清晰。
活动准备	1．活动通知及时、到位。
	2．参与人员围绕主题准备充分。
	3．活动过程所需用品、文件资料准备齐全。
组织实施	1．主持人能及时捕捉交流过程中生成的问题，组织教师深入研讨。
	2．主持人善于调动全体成员的研讨热情，将研讨气氛推向高潮
	3．主持人组织形式多样，有利于研讨，结论来自集体智慧。
	4．参与教师善于听取同伴的讲解。
	5．参与教师能主动发起话题，引发教研新思路。
	6．教研活动的目标达成度高。
活动结束	1．及时整理教研活动的讨论结果，形成书面报告。
	2．及时把结论运用于教学实践，理论指导实际。
	3．教学实践后及时反思和总结。

四、教研工作范例

幼儿园教研活动范例①

时间：2019 年 10 月 9 日下午。

地点：总后六一幼儿园礼堂。

参与人员：孙路（市早教所研究员）、范惠静（丰台区教研所教研员）、刘建霞（总后六一幼儿园园长）、幼儿园教师 16 人及业务干部 3 人、全国各地专家同仁近 70 人。

主持人：范茜（总后六一幼儿园业务副园长）。

活动主题：在大班区域体育活动中，如何运用玩具材料促进幼儿上下肢充分活动。

活动过程：

一、提出教研专题

主持人：本学期大班设立了跳跃、平衡、投掷、钻爬、合作等 5 个户外区域。在互动中我们发现，幼儿有身体局部运动负荷过大的现象，如在跳跃区活动的孩子下肢运动量较大，而上肢运动量少，而在投掷区的孩子则相反，上肢运动量大。以往我们研究过区域材

① 资料来源：https://wenku.baidu.com/view/0918ef23d0f34693daef5ef7ba0d4a7303766c2e.html? rec_flag = default，有改动。

料的投放，基于这个基础，我们今天教研的主题是：如何在区域体育活动中充分运用游戏材料，促进幼儿上下肢充分活动。首先请跳跃区、投掷区的指导老师进行一下情况介绍。

二、跳跃区、投掷区的指导老师反思与讨论前的提问

（一）跳跃区指导教师介绍情况

冯斌：跳跃区是以发展下肢为主要活动区域，在本区孩子能透过材料与玩具互动到达跳跃区动作水平的发展，有单肢跳、双脚跳、行进跳等动作技能。由于设置的游戏活动较多，孩子们的兴趣高，有的孩子不愿意换区，这些孩子下肢活动运动量大，上肢活动少，怎样使上下肢活动协调发展呢？这是我们需要解决的问题，根据研究重点我们试着调整、添加适量玩具，如跳竹竿时带着上肢活动的辅助材料，从上向下跳的游戏中增加了套圈的活动，增加了一些吊饰让孩子在跳的过程中有一些击打动作。我觉得这是我们初步的尝试，期待多听听大家的意见。

主持人：各位老师对冯老师的发言有哪些不清楚的地方可以提问。

一名教师提问：请具体解释一下青蛙跳水的游戏中，跳台的高度和垫子的距离是怎样设置的？

冯老师解答。

（二）投掷区指导教师介绍情况

怀向群：我们发现本区存在的问题是，幼儿在活动中上肢动作多，下肢活动较少，只是前后移动，左右平移，下肢动作单一，幼儿上肢容易疲劳，下肢得不到活动，产生上下肢运动量不均衡现象。为了解决这一问题，我们投放了不一样层次的材料，如不一样大小、不一样重量的投掷球，高低不一样的篮筐等，并通过灌篮高手等游戏增加孩子下肢的运动量。我们想听一听大家更好的意见和推荐。

一名教师提问：在区域中带着宽而大的垫子有什么意图？

怀老师解答。

范惠静：我想提出一个问题，今天你想通过教研活动解决什么困惑？请求什么帮忙？刚才听了两位老师的介绍，一个是上肢区域指导老师，一个是下肢区域指导老师，两位老师组织的活动正好是反着的，共同存在的问题是局部身体运动多，老师很关注孩子的发展，发现问题了，孩子到这个区域时你怎样看待这个问题？你怎样来解决这个问题？

三、参与式讨论

主持人：围绕今天教研的主题，结合上午观摩到的状况和下午两位老师的发言，请大家发表各自的见解。今天分 4 组，如以往一样有组织者、记录员、时间播报员、发言人。与以往不一样的是今天来了很多观摩的老师，所以有 3 个要求：一是记录员要尽量写大字；二是发言人讲话语速要慢；三是小组研讨时间为 15 分钟。

也欢迎全国的各位专家参与我们的讨论。

教师自由组合分 4 小组讨论，市区教研员、园领导参与讨论。

四、分组发言

请各组发言人陈述自我的观点与共识。

（一）小开拓者组的发言提纲

1. 玩具材料的运用：玩具本身的功能运用，幼儿在活动中的使用，玩具投放以后是

否发挥了它的作用。

2. 孩子上下肢的充分活动：玩具的运用促进上下肢充分发展，上下肢活动设置不要太牵强，教师指导幼儿使用玩具，充分发展上下肢。

（二）福娃组的发言提纲

材料的投放运用：

1. 在层次上高低不一样、宽窄不一样。

2. 数量上运用。

3. 运用环境布置场地。

4. 如何了解和把握投掷材料的运用。

5. 针对个别儿童的差异，合理投放材料。

（三）亮眼睛组的发言提纲

1. 设置综合区来弥补上下肢不协调的问题。

2. 教师多角度地观察孩子，教师应做一个观察记录、活动卡来了解每个幼儿的活动状况。

3. 场地、玩具的使用是否适宜孩子的发展。

注意活动材料的安全使用。

（四）提问者组的发言提纲

1. 透过交换区域就能解决这个问题。

2. 有些游戏能够增加辅助材料。

3. 辅助材料就应贴合大班幼儿的发展。

主持人：4 个组起的名字很有意思，分别是小开拓者、福娃、亮眼睛、提问者。小开拓者代表一种探索精神，福娃代表的是热情，亮眼睛是要有一双观察的眼睛，提问者代表的是一种反思精神，我认为这正是开展教研工作老师应具备的素质。

以上 4 组教师有这样一些共识：一是提高玩具的运用率，增强玩具的挑战性，孩子爱玩的，能促进上下肢充分发展的玩具应继续投放，而孩子运用得少的应调整。在玩具本身的运用、摆放、使用上要巧妙。二是在使用上引导孩子主动探索，引发孩子去想，去思考如何运用玩具，这就是老师应起到的支持者的作用。三是巧妙运用玩具丰富游戏情节，将运动锻炼融入游戏中，老师在今天的活动中运用了一些游戏，但还不够，还要多为孩子创设游戏情境，使幼儿上下肢得到充分发展。请刘园长为我们的活动进行点评。

刘园长：为什么叫亮眼睛？

教师赵萍：要观察孩子。做任何事要从观察出发，老师要有一双敏锐的眼睛。

刘园长：我个人喜欢这个名字，观察孩子的目的是什么？

教师赵萍：是促进孩子的发展，反馈行为。

刘园长：这是《纲要》对我们的要求，我们要做到心中有孩子。今天老师对幼儿玩的水平、潜力的观察还不到位。活动指导的方法，我们有预成性的指导，有生成性的指导，还有根据孩子实际状况针对性的指导。我们今天是否根据游戏情境和孩子生成活动的状况进行指导呢？如在投掷区孩子玩的水平、质量，教师把握还有欠缺，心中有孩子在理念上有，但在实际活动中有欠缺。一些孩子玩的水平、潜力老师还未观察到。期望我们在实际工作中还要做到用亮眼睛去观察，根据实际情况有针对性地指导孩子活动，这才能促进孩子发展。

活动指导的方法上，大班老师都很投入地参与到活动中。但参与并不是全身心与孩子一起玩，这是基本要求。在参与的同时还要关注孩子的发展，要眼里有孩子。指导要有点、有面，要关注每一个孩子的发展，每个孩子的活动，质和量不是玩了就够了，要玩得有质量，就要引导他。

我们关注充分活动，充分的定义是什么？我认为老师要把握这个度。不是说玩得高兴了，质和量就达到了。大班末期，我们要用《纲要》的要求来指导活动，使孩子们玩得有质量。如投，孩子的动作是不是到位，量是不是够了，老师就应该针对性地指导。现在让孩子快乐发展，快乐是基本，但同时还要发展，还要进步，还要提高，老师要运用玩具材料来促进游戏，让孩子充分运动，充分发展。

主持人：多谢刘园长。请老师们注意刘园长刚才所说的，在参与活动时教师的身份与孩子是平等的；指导活动时教师作为观察者，要能发现孩子的问题，并给予支持。

范惠静：谈谈我的感受和思考。上午和下午都是围绕着区域体育游戏这种组织形式展开的。根据《纲要》中健康领域目标展开的，《纲要》中提出培养体育活动的兴趣是体育活动的重要目标，最终是提高幼儿活动的兴趣。《纲要》中也提到要通过环境的利用有效促进孩子发展，从这两点分析，区域游戏组织是多种多样的，是满足不一样兴趣、不一样需要的孩子的。在区域游戏中如何既满足兴趣又促进孩子的发展，老师提出这个困惑，怎样权衡两者关系呢？我认为值得肯定的是：

1. 选题方面是认真领会《纲要》精神，注重观察孩子，能有针对性地提出存在的问题，确定研究问题。我们的研究是在实践中选取的问题，将教师的行为与幼儿发展联系起来，选题贴合《纲要》精神，贴合孩子发展需要的，有很高的研究价值。

2. 研究过程不论质疑，还是讨论，都要有正确的儿童观、教育观，尊重孩子，了解发展，关注孩子的兴趣需要，从儿童角度出发，注重活动的综合性、趣味性，寓教于游戏中。

3. 研究组织氛围民主、开放，相互尊重，相互理解，共同解决问题，提高教师的水平。教师们有的说、踊跃说、愿意说、抢着说，并能够谦虚地理解意见，达到同伴互助的作用。

提出的问题：

1. 问题还要进一步明确，老师困惑在哪里？通过今天的活动，你解决了什么具体问题？每个老师参加教研活动后，你的提高在哪里？进步在哪里？是一个人的问题还是大家的问题？

2. 研究的材料还要从细微处入手，小开拓者组有层次、有脉络、有关键点，有的组写得宽泛。

3. 区域体育活动的研究至今要重新审视、思考，是否还要按基本动作要求去分区。我们发现了跳跃区、投掷区孩子的问题，如何根据孩子的发展进行分区。还有创设适宜的环境，投放适宜的玩具、材料等都需要我们进一步思考。能不能突破传统做法，不用动作技能的名称框住我们的思维，可否开发勇敢者等区域，有所创新。

孙路：贴合《纲要》要求，贴合幼儿身心发展。游戏促进了孩子全面的发展。材料投放体现了层次性、年龄特点和趣味性。这个题目只是个话题，是老师发现的，还是孩子们的问题。主要借话题来探讨儿童观、教育观。

老师观察到这个问题时，是不是上肢动下肢不动或相反呢？我发现中班做不到，大班幼儿基本能做到全身协调。

当孩子个体感兴趣时必然有他的道理，是发展的需要，因为孩子的每一次运动的好处都是不一样的。

我对运动教育的看法，不单纯是体能锻炼。它只是一个载体，是全方位让幼儿获得发展。哪个是让孩子有创意的，哪个是克服恐惧感的，从这个角度来讲的。

第二节　幼儿园教师科研工作标准

一、概述

教育科研是在教育科学理论的指导下，研究教育现象，揭示教育规律的创造性探索活动。幼儿教育科研指研究者在学前教育科学理论和其他相关科学理论的指导下，采用科学的研究方法，去探讨该年龄阶段教育的各种现象和问题，揭示其规律，进而有效地改善和提高学前教育质量，促进幼儿健康和谐发展的一种实践过程。幼教科研的特点一是研究对象的主体性，它的研究对象包括幼儿、教师、管理者等，他们是作为独立的主体性存在的人，有自己的能动性、创造性和独特性。特点二是研究内容的广泛性，包括幼儿教育的本质、内容、方法、管理，以及幼儿园教师的专业发展等。特点三是研究背景的开发性，幼儿教育很多问题和其他社会问题相关，幼儿受社会、家庭、学校的多重影响。幼儿教育科研可以帮助我们准确地理解孩子，帮助我们探寻科学的教育理论与方法，帮助我们及时纠正幼儿教育中的偏差。

二、科研工作流程

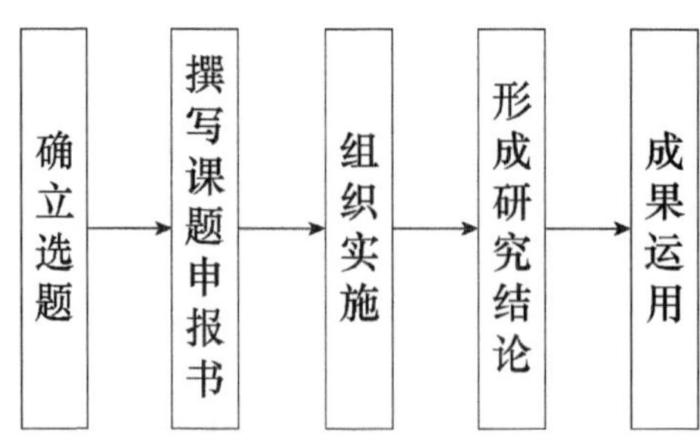

（一）确立选题

1．幼儿教育的科研课题是专业性的问题。幼儿一日生活和教育活动的每个环节，都存在许多实实在在的问题。幼儿园教师每天工作中遇到的教育、教学和管理问题，都是专业性问题，都属于幼教科研可能研究的对象。

2．科研课题是有价值的问题。问题的价值主要有3类。一是认识价值，即问题本身蕴含着新现象，可能潜藏着新联系，有可能提出新原理或发现新规律。二是实践价值，即解决这个问题能推进工作，有助于提高幼儿教育质量和效益。三是工具价值，即解决这个问题能促进研究者的发展，或促进研究手段的改进，研究方法的创新等。

3．科研课题是需探究的问题。幼教科研研究的问题，不一定是前人未知或从未做过的问题，但是需要有创新性，有新意。

4．科研课题是能解决的问题。幼教科研要探究的是尚待解决而基本可以解决的问题。通过个人努力，原来不能解决的问题也可能转化为通过研究能基本解决的问题。个人专业素养越高，就越能有效解决专业问题。

（二）撰写课题申报书

课题申报书应该包括：

1．课题名称、所属学科、申请人、所在单位、申请日期等。

2．课题负责人和课题组成员的简况和任务分工，包括姓名、职称、年龄、专业、外语程度、分工情况，以及近年来与本课题有关的主要研究成果等。

3．课题研究的目的、性质、立题依据，国内外研究概况、水平、发展趋势，研究的实际意义和理论意义，以及应用前景。

4．研究的主要内容，研究对象、方法，预计有哪些突破。

5．研究思路和方法，研究计划，要解决的主要问题，包括具体步骤、进度计划、阶段目标等。

6．完成课题的条件分析，资料准备情况，人员结构。

7．成果形式，包括阶段成果和最终成果形式，成果的预计走向及使用范围。

8．经费概算，包括申请资助的总金额以及各项费用的具体金额，如图书资料费、调研费、上机费、成果打印费、小型会议费、仪器设备费等。

9．课题负责人所在单位意见和信誉保证。

10．上级主管部门对是否立项的审批意见。

（三）组织实施

1．按照研究计划进行，研究过程要规范，可建立过程管理制度，包括定期检查指导制度、定期汇报制度、过程评价制度、定期学习、研讨、交流制度以及定期总结制度。

2．多途径收集相关研究资料。通过查阅文献收集资料，根据一定的研究目标或课题，通过调查文献来获得相关资料，从而全面、准确地了解所要研究的问题，包括原始资料、工具性资料和综述、述评类资料。通过观察收集研究资料，在自然条件下，有目的、有计划地观察研究对象，收集感性资料。通过问卷和访谈收集资料，围绕确定的选题设计访谈提纲或者编制问卷，通过访谈相关人员，和使用问卷调查相关人员，从而获取研究资料。通过个案研究收集资料，对个别情况和事物的研究，对改变问题或者个别幼儿，个别的一些行为、方式、现象等相关资料的收集。通过行动研究收集资料，即对研究者自身的教育实践不断进行总结，从而收集相关研究资料。

3．形成研究档案，研究档案要完整、规范。研究的整个过程都需要记录下来，按照研究的进程或研究方法整理成册。

（四）形成研究结论

1．整理收集到的文字和数据材料，进行质性和量化分析。
2．形成研究报告或者期刊论文。

（五）成果运用

1．把理论研究成果运用于实际教学和管理中，理论联系实践。
2．实践后形成反思，提出新的问题，可用于下一次研究。

三、科研工作标准

工作流程	工作标准
确立选题	1．选题具有价值性，符合教育和社会发展规律。
	2．选题具有简明性，具体而不笼统。
	3．选题具有现实性，问题科学，目的明确。
	4．选题具有创新性，是前人尚未解决的问题。
	5．变量具有操作性，容易控制。
	6．选题具有可行性，具备实施的主、客观条件。
	7．选题具有扩展性，可进行持续研究。
撰写课题申报书	1．准确界定研究课题。
	2．充分论证课题价值。
	3．客观而合理地界定研究目的。
	4．准确而有效地分解研究内容。
	5．正确选择研究方法。
	6．研究思路和步骤清晰、完整。
	7．完成课题的主客观条件充分有保障。
	8．课题的成果形式多样。
组织实施	1．建立完善的过程管理制度。
	2．研究活动与研究计划一致，研究有序。
	3．加强组织协调，避免活动与课题研究不相关。
	4．开展研讨、反思和总结，注重探索规律。
	5．建立研究档案，档案真实、完整、规范。

续表

工作流程	工作标准
形成研究结论	1．研究结论具有客观性。
	2．研究结论具有科学性。
	3．研究结论须形成研究报告或者期刊论文。
成果运用	1．成果具有实效性，可及时指导工作。
	2．成果具有可推广性。
	3．成果具有可持续研究性。

四、科研工作范例

生活化、游戏化的幼儿园课程研究①

课题类别：……

课题批准号：……

课题立项时间：……

主持人：虞永平

（一）选题的意义

幼儿园课程的生活化和游戏化是当前幼儿园课程研究和实践中一个重大的理论和实践课堂。它关系到幼儿园课程特质的显现，关系到幼儿教育的成效，关系到幼儿的发展。本课题研究的理论意义在于，揭示生活和游戏对于3～6岁幼儿的发展价值，探讨知识与生活、游戏的关系，探寻各种知识、能力、态度在生活和游戏情境中整合的机制，进一步揭示幼儿园课程的特质。本课题研究的实践意义在于，开发一套有助于幼儿园教师进行课程设计的课程内容生活化、游戏化的策略系统，有助于纠正目前幼儿教育中存在的小学化的倾向和幼儿园课程中存在的过分学究化的倾向。

（二）本课题国内外研究现状

国内研究的现状：幼儿园课程的生活化、游戏化曾是20世纪三四十年代我国幼儿园课程研究中的一个重要课题。陈鹤琴所倡导的活教育及整个教学法，张雪门所倡导的行为课程等，都在很大程度上反映了生活和游戏在幼儿园课程中的价值，反映了生活和游戏对幼儿园课程内容的组织作用、内聚作用。50年代以后，由于国家课程成为幼儿园主导的课程，学科知识教育受到了特别的强调，生活和游戏在课程中的作用一度被削弱，生活和游戏往往成了课程的附加物和点缀品。80年代后，对生活和游戏在幼儿园课程中的地位和作用的研究再次受到重视。但总体上，对生活和游戏与幼儿园课程之间关系的理论研究不够深入，尤其是尚未从理论上论证生活化、游戏化课程对幼儿发展的必然性和必要性。从实践上看，现有研究对幼儿园课程与生活、游戏的关系研究还不够深入，研究角度不够宽广，对幼儿园课程生活化、游戏化的机制、策略探索不够。此外，对什

① 资料来源：https://wenku.baidu.com/view/d320355a804d2b160b4ec00b.html，有改动。

么是对幼儿有价值的生活和游戏，生活、游戏与学科知识的关系等理论和实践问题的研究也尚待深入。

国外相关的研究较为丰富。从自然主义到进步主义教育，直至后现代教育，与这些教育思想相应的幼儿园课程几乎都关注生活和游戏对幼儿及幼儿园课程的价值。幼儿教育发展史上的很多先驱也在不同程度上研究了幼儿园课程的生活化和游戏化。如裴斯泰洛齐、蒙台梭利、杜威等。欧美很多的幼儿园课程方案都在一定程度上体现了生活化和游戏化的倾向。如银行街课程模式、呼应课程及瑞吉欧课程取向等。这些研究及其成果有很重要的理论和实践的价值。但这些研究有特定的文化和学术背景，有特定的师资条件、家长支持和社会资源条件，这些研究成果不能直接运用于我国的幼儿园。必须在借鉴的基础上，进行深入的本土化的研究。

（三）本课题研究的主要思路

1. 本课题的研究视角。

本课题将首先采用学科交叉的视角，从教育学尤其是学前教育学、心理学尤其是学前心理学和幼儿心理学、生态学及文化学等学科出发，探究幼儿园课程的教育学、心理学、生态学及文化学价值，并从这些学科出发，深入探究生活和游戏在幼儿园课程中的特殊价值，从理论上论证生活、游戏是幼儿园课程的重要内容和实施途径，从理论上确认生活化、游戏化是幼儿园课程设计的目标和途径。本课题还采用实践分析的视角：对幼儿园课程实施现场进行深入的分析，以探寻生活和游戏的价值或发现生活和游戏的缺失，并在理论的指导下，修正现实的幼儿园课程内容、形式和进程。

2. 本课题研究的主要方法。

本课题采用的主要研究方法是文献法、逻辑思辨法、行动研究法。文献法用于研究和比较古今中外有关生活、游戏理论及生活、游戏与幼儿教育关系的理论。逻辑思辨法主要用于论证、形成研究者有关幼儿园课程生活化、游戏化的必然、必要、可能等理论观点。行动研究法主要用于研究现实的幼儿园课程设计和实施过程中，课程内容及课程实施进程生活化、游戏化的现实策略。

3. 本课题的研究途径。

一是理论研究，主要是从多学科的理论视角研究生活、游戏与幼儿发展和幼儿园课程的关系，研究幼儿园课程生活化、游戏化的必然性、必要性和可能性。从而形成有关幼儿园课程生活化、游戏化的基本理论观点。二是实践性的研究，主要是通过对幼儿园课程设计和实施过程的考察，了解生活和游戏在幼儿园课程中的现实的位置和作用，并进而以有关幼儿园课程生活化、游戏化的思想为指导，进行生活化、游戏化的课程设计和实施的探索，以形成相关的实践策略。

4. 园本课题的研究目的。

（1）进一步揭示幼儿园课程的性质，形成有关幼儿园课程生活化、游戏化的理论，丰富和发展我国的幼儿园课程理论体系。

（2）系统揭示目前幼儿园课程设计和实施中存在的过于强调学科知识学习、忽视游戏和日常生活的教育价值等现象，为广大幼儿园提供有关幼儿园课程生活化、游戏化的设计和实施的系统策略。

5. 本课题研究的重要观点。

（1）生活和游戏是幼儿重要的学习内容，也是重要的学习途径。

（2）生活和游戏包容了多学科的知识，也包容了幼儿情感态度和行为发展的机会。生活和游戏是幼儿园课程内容整合的重要途径。

（3）生活化、游戏化是幼儿园课程的重要性质。幼儿园课程设计的一项重要工作就是将学科知识的生活化和游戏化，将学科知识还原为活动和经验，并在活动和经验的层面上尽可能实现综合和系统化。

（4）幼儿的一日生活、与幼儿有关的社会生活及幼儿的游戏都是重要的课程资源。幼儿园课程真正适合幼儿身心发展的特点，真正做到生活性、综合型和趣味性。

（5）生活化和游戏化的幼儿园课程的设计和实施是一项需要创新、需要深入实践的工作，设计和实施策略的形成过程都应是理论和实践的双向论证过程。生活化、游戏化的幼儿园课程需要一种课程整合的机制，这个机制的核心是课程内容组织中心的选择和利用。

（四）价值

1. 本课题的创新性：一是采用学科交叉的视角研究生活、游戏与幼儿园课程的关系，在一个较为广泛的学术平台上探讨生活和游戏对幼儿发展的价值；二是试图通过现实的幼儿园课程设计和实施的实践，形成与生活化、游戏化的幼儿园课程的设计和实施相关的策略；三是以发现幼儿园课程的整合机制为切入点，对幼儿园课程的有机整合进行理论和实践的研究。

2. 本课题的理论意义：丰富和发展我国的幼儿园课程理论，形成一些支撑生活化、游戏化的幼儿园课程的新的理论观念，对幼儿园课程与生活、游戏的关系进行较为全面和系统的理论研究。丰富和发展幼儿园课程设计和实施的相关理论。

本课题的实践价值：本课题的成果，对于指导幼儿园课程的改革，对于幼儿园园本课程的建设，具有重要的指导价值。本课题形成的课程设计和实施策略可直接用于我国的幼儿园课程实践之中。本课题的研究也有助于《幼儿园教育指导纲要》的贯彻和落实。

（五）研究基础

1. 专著：《学前教育学》《幼儿园综合课程研究》《主体教育论》。

2. 实践指导读物：《整体性和谐发展课程》《幼儿园社会课程》《幼儿园领域课程》。

3. 论文：……

4. 重要参考文献：……

（六）完成课题的条件和保证

1. 负责人曾主持完成的相关研究课题：

（1）教育部师范教育项目：幼儿园、幼师及高师课程的关系。

（2）省教育厅人文课题：地方性课程政策与课程标准研究。

（3）省教研室课题：幼儿园课程与小学课程的关系研究。

负责人曾参与完成的相关研究课题：

（1）原国家教委“七五”课题：农村幼儿教育研究。

（2）原国家教委“八五”课题：农村多种形式的幼儿园课程研究。

（3）教育部“九五”课题：幼儿园课程体系研究。

负责人编著的《学前教育学》获省哲学社会科学三等奖，参与编写的《农村学前教育课程》获省教育科学二等奖，参与编写的《幼儿园领域课程实施指导》获教育部基础教育改革二等奖。

2. 本课题的研究队伍以中青年为主体，吸收了一些老专家和青年研究人员，也吸收了部分幼儿园的科研骨干，并尝试进行多所高校研究人员的共同协作研究，以增进思想交流和碰撞，提高研究的质量。

3. 其他保证：南京师范大学图书馆有丰富的教育类书籍和杂志，其他高校也有大量的教育类文献，都可为本课题的研究者使用。研究者已从国内外收集了部分与本课程相关的最新资料：国外已与美国、日本等国的幼儿教育研究机构建立了学术联系，国内已同台湾和香港相关的研究部门建立了学术联系。本研究还将得到有关市、区教育行政部门和幼儿园的支持。

研究者所在单位有较为先进的研究设备，如数码摄像机、数码录音机等，也有较为成熟的教育实践研究基地，这些都为本课题的研究创造了条件。

本课题的研究人员都能从各自的分工出发，获得较为充裕的研究时间，主管单位、所在单位为本课题研究的展开提供了时间方面的充分保证。

主要参考文献

蔡迎旗，2017．学前教育原理［M］．武汉：华中师范大学出版社．

曹培杰，2017．未来学校的兴起、挑战及发展趋势：基于“互联网＋”教育的学校结构性变革［J］．中国电化教育（7）：9-13．

曹蕊菲，2015．基于大数据整合的智慧幼儿园建设［J］．发明与创新（教育信息化）（10）：21-24．

范昕，李敏谊，2018．幼儿园教师到底是什么？：从替代母亲到专业人到研究者的发展历程［J］．教师教育研究（4）：92-98．

贺琳，王彦峰，2019．师幼关系的问题与重构：基于儿童哲学的思考［J］．教育现代化，6（38）：72-73．

罗生全，王素月，2020．未来学校的内涵、表现形态及其建设机制［J］．中国电化教育（1）：40-45，55．

马丽英，田友谊，2019．改革开放40年我国未来学校研究的回顾、反思与展望：基于文献计量法和内容分析法的分析［J］．江苏教育研究（19）：76-82．

糜长萍，2018．面向大数据整合的智慧幼儿园的课堂方式［J］．中华少年（11）：203．

全国十二所重点师范大学，2008．教育学基础［M］．北京：教育科学出版社．

宋丹，杨龚，李茂林，等，2019．人工智能在学前教育中的应用浅探［J］．今日科苑（10）：31-42．

徐莉，2013．生态视角下的幼儿园环境创设［M］．北京：北京少年儿童出版社．

杨翠，张成林，李城，2014．理解型师幼关系的价值与建构［J］．基础教育研究（12）：53-54，56．

杨香香，2014．幼儿教师专业发展［M］．长春：东北师范大学出版社．

杨旭，龙耀明，2012．幼儿园教师入职指南［M］．4版．长沙：湖南大学出版社．

杨治良，2007．简明心理学辞典［M］．上海：上海辞书出版社．

张生，曹榕，陈丹，等，2018．“AI＋”时代未来学校的建设框架和内容探究［J］．中国电化教育（5）：38-43，52．

郑丽圆，2017．幼儿园班级管理问题与处理［M］．北京：中国轻工业出版社．

B. A. 苏霍姆林斯基，2005．给教师的建议［M］．杜殿坤，编译．北京：教育科学出版社．